MZ세대와 라떼 사장님이
함께 만드는 조직문화

MZ세대와 라떼 사장님이
함께 만드는 조직문화

초판 1쇄 인쇄 2022년 9월 25일
　　 1쇄 발행 2022년 9월 30일

지은이 이철원
펴낸이 우세웅
책임편집 홍대욱
기획편집 한희진 김휘연
콘텐츠기획 · 홍보 전다솔
북디자인 박정호

종이 페이퍼프라이스㈜
인쇄 동양인쇄주식회사

펴낸곳 슬로디미디어그룹
신고번호 제25100-2017-000035호
신고년월일 2017년 6월 13일
주소 서울특별시 마포구 월드컵북로 400, 상암동 서울산업진흥원(문화콘텐츠센터) 5층 22호

전화 02)493-7780
팩스 0303)3442-7780
전자우편 slody925@gmail.com(원고투고·사업제휴)
홈페이지 slodymedia.modoo.at
블로그 slodymedia.xyz
페이스북.인스타그램 slodymedia

ISBN 979-11-6785-086-7(03320)

M Z 세 대 와 라 떼 사 장 님 이

다니고 싶은 회사를 만드는 본격 밑(MEET) 작업

함께 만드는 조 직 문 화

이철원 지음

 슬로디미디어

목차

PART 4 **Trust**

어느 날 갑자기

사장이 말했다. "우리도 조직문화 한번 제대로 해보면 어떨까요?"

월요일 아침 임원 팀장 미팅에서, 사장이 진지한 표정으로 화두를 던진 것이다. 참석자들은 일제히 인사총무팀장을 쳐다본다. 딱히 조직문화를 전담하는 팀은 없지만 그동안 관례에 따라 사장과의 간담회, 신년사, 임원 팀장 워크숍, 리더십 워크숍 따위를 기획하고 실행한 것은 인사총무팀이기 때문이다. 사장의 시선도 분명 인사총무팀장을 향했다. "김 팀장, 고민 좀 해봐."

"예, 알겠습니다." 인사총무팀장이 얼버무리듯 답변을 했지만 '제대로 한다'는 말이 속에서 얹힌다. 어디서부터 어떻게 접근해야 할지 머리가 멍하다.

"이제 우리 회사도 어느 정도 안정됐고 인원도 많아졌고, 조직도 커졌으니 체계적으로 조직을 관리해야 할 필요가 있다고 생각하는데, 조직문화가 좋은 회사가 결국 돈도 잘 벌고 지속적으로 발전해 나갈 수 있지 않겠어?"

모두들 고개를 끄덕거리며 "지당하신 말씀입니다"라고 한 목소리로 외치지만 사실 조직문화 관심도 없고 오히려 불필요하다고 생각하는 사람들이 태반이다. 현장 리더들은 '당장 일도 바빠 죽겠는데 또 돈 들여서 쓸데없는 짓 하려고 한다'라고 생각한다.

"다들 들어와 봐."

팀으로 돌아온 김팀장은 팀원들을 회의실에 모아 놓고 사장이 메시지를 전한다.

"조직문화를 처음부터 제대로 기획해서 진행해보라고 하시는데…"

김대리는 채용, 급여, 보상, 평가 담당이다. 신입 채용을 앞두고 일이 산더미처럼 쌓였다. 라고 느끼는 중이다. 어쩌다 사장님 점심간담회 운영을 맡은 뒤로 비슷한 일만 생기면 자기를 찾는 통에 '내 일이 아니'라 생각하면서도 꾸역꾸역 해냈다.

"이거 김대리가 전문이지? 기획안 올려봐."

이번에도 예감이 좋지 않아 필사적으로 팀장의 시선을 피했건만 슬픈 예감은 틀리는 법이 없다.

'전문은 개뿔.'

"왜 답이 없어?"

"예."

김대리는 마지못해 건성으로 대답하고 '뭘 어떻게 하란 거야?'란 뜨악한 표정으로 노트를 펼치고는 뭔가 소스를 더 달라는 뉘앙스를 담아 팀장을 쳐다본다. 팀장은 김대리의 눈빛에서 '아 진짜, 채용 일정도 허덕이는데 뭘 또 하라는 거야?'라는 짜증이 읽힌다.

'나도 잘 몰라 임마'라는 말이 목구멍까지 튀어나오지만 이럴 때 써먹으면 좋은 전가의 보도를 꺼내든다. "거기 어때?" 묻는 일. 아 숙박 앱 말고 타사 염탐하기, 아니 '벤치마킹' 말이다.

구글, 페이스북, 아마존, 애플은 물론이고 송파구에서 일 잘하는 11가지 방법으로 유명한 배민, 대학생들이 가장 가고 싶은 회사라는 카카오 같은 '거기' 말이다. 분명 마음 한구석에는 '걔들은 세계 1등, 국내 1등인 데다 돈도 많이 벌잖아! 우리랑은 다르지'라는 옹벽을 치지만 한편으론 '쟤들처럼 되기만 한다면 얼마나 좋을까?'라는 양가감정이 있다.

조직문화를 제대로 한다는 건 대체 뭘까? 사실 조직문화가 뭔지 그 정의조차 확실하지가 않다. 구체적 이미지도 없다. 그냥 분위기를 좋게 만드는 건가? 일하는 방식을 애자일하게 바꾸면 될까? 사무실을 공유 오피스로 바꾸거나 일어서서 일하는 책상을 놓아주면 될까? 삼시 세끼 밥을 공짜로 주는 건가? 직급체계를 폐지하고 영어 이름을 쓰면 될까? 가끔 집에 일찍 보내주기도 하고, 뭐 그런 건가?

고민을 해보지만 그럴수록 '돈만 많이 줘봐. 엎드려 절하면서 다니지'라는 마음의 소리를 감출 수 없다. 다른 회사는 어떤가? 궁금해서 블라인드 앱에 들어간다. 이름만 들어도 주눅이 드는 대기업, IT기업, 스타트업들은 어떨까? 으응? 생각보다 좋은 소리가 없다. 한때 대학생들이 취업하고 싶은 기업 최상위권을 놓치지 않았던 S텔레콤 현직자는 '돈은 많이 줘요'라는 글을 남겼는데 뉘앙스가 묘하다. '돈도 많이 줘요'가 아닌 '돈은 많이 줘요'라니?

문득 같은 회사 소속인 대학 동기가 떠올라 전화를 건다.

"야 요즘 S텔레콤 어떠냐? 좋지? 다닐 만해?"

"하루에도 몇 번씩 때려치우고 싶은데 때마다 나오는 인센티브가 날 살린다. 그게 스팀팩 같은 거야."

더 이야기를 들어보고 싶지만 팀장이 찾는다며 인사도 없이 전화를 끊는다. 이왕 일하는 거 연봉은 다다익선이지만 그게 다가 아닐 수도 있다는 생각이 언뜻 든다.

김대리는 인사쟁이 카페에 들어간다. '조직문화' 카테고리에 들어가서 글을 휘 둘러본다.

[1박 2일 워크숍 견적 요청], [서울 근교, 하루 즐겁게 놀고 팀 빌딩 하는 프로그램 요청요] 따위 글들이 95%다. 내용은 복붙이라 봐도 좋을 만큼 똑같다.

'50명 정도 되는 중소기업인데요 조직문화 활성화하라는데 어떻게 하는지 모르겠네요. 도움 부탁드립니다.'

김대리도 글을 남긴다.

업체들이 앞다퉈 찌라시를 보내올 것이다. 그중 가장 합리적인 가격을 제시한 업체를 선정해 미팅을 하고 하루나 이틀짜리 워크숍을 시행하겠다는 보고서를 작성할 예정이다. 어차피 뭘 할지는 다 거기서 거기다. 프로그램 이름만 다를 뿐 다 같은 것이다. 업체 견적을 받기까지 시간이 있으므로 짬이 생겼다. 김대리의 고민은 여기까지다. 이제 자신의 본연의 업무, 채용에 집중하기로 한다.

진심일까?

"문화는 아침식사로 전략을 먹는다 culture eats strategy for breakfast."
- 피터 드러커

"10년 가까이 IBM에 있으면서 나는 문화가 승부를 결정짓는 하나의 요소가 아니라 문화 그 자체가 승부라는 것을 깨닫게 되었다." - 루 거스너

'조직문화, 중요하지 물론. 중요하지만 우선은 살아남아야 문화니 뭐니하는 것도 뒤따르는 것 아니겠어? 당장 급한 건 아니잖아!'

'미국이니까 그렇지 우리나란 안 그래, 그저 근면 성실하게 일하다 보면그게 문화가 되는 거지. 다 배부르니까 하는 소리야.'

'쟤들은 이름난 대기업이잖아. 그 자체로 자부심이 빵빵하겠지.'

'IBM? 구글? 애플? 배민? 걔들은 돈 많잖아. 곳간에서 인심 난다고 우리도 돈만 많이 벌면 그 정도는 할 수 있어!'

사장들 진심이 다 들리고 보인다. 말로는 수평적 조직문화나 구성원의행복 따위를 외치지만 뒤로는 눈앞의 이윤에 급급한 기만적 의사결정을 서슴지 않는 이유가 아마도 여기에 있지 않을까?

한때 '사람이 미래다'라는 캐치프레이즈로 대대적 기업광고를 쏟아붓던 D그룹은 경영위기가 닥치자 어제까지 미래라 추켜세웠던 신입사원들까지포함한 구조조정을 대대적으로 시행해 빈축을 샀다. 어디 그뿐일까? 땅콩 회항이니 갑질이니 탈세니 이름만 들으면 알 법한 기업과 그 시주들의 기민 행

위는 끝도 없다. 이는 어쩌면 내부의 비루한 문화 때문이 아닐까?

대기업과 잘나가는 스타트업 일부를 제외하고 조직문화를 전담으로 다루는 팀조차 없는 회사들이 다수인 실정을 감안하면 사람이니 문화니 행복이니 따위 무형의 가치들은 여전히 돈 버느라 갈길 바쁜 와중에 '한가한 소리'라고 여기는 경영진이 절대 다수일지 모른다는 의심이 든다.

'조직문화는 중요한 요소 정도가 아니라 전부'라는 루 거스너의 확신에 동의한다면, '조직문화가 전략보다 우위'라는 피터 드러커의 주장에 무릎을 쳤다면, 가장 먼저 전담 조직부터 만들었을 것이다.

상식적으로 생각해보자. 인사, 총무, 기획 등 기존의 전통적 기능에 조직문화를 개선해보라며 과제를 던져주면 그들은 그 일을 본연의 일이라고 생각을 할까? 어떤 일이든 맡겨만 주십시오! 워커 홀릭이 아닌 이상, 부가적인 일로 여기지 않을까? 그저 쳐내기에 급급하거나 제2, 제3의 일로 미뤄지지 않을까?

이들이 만들어내는 조직문화 활동이란 뻔하다. 외부 컨설팅 업체를 검색해서 짧으면 하루, 길면 1박 2일 워크숍 일정을 잡으면 끝이다. 무언가를 바꾸는 본질적인 시간이라기보다 하루 잘 놀고 으쌰으쌰 힘내 보자는 이벤트에 다름이 아니다.

이 과정이 반복되면 조직문화는 '본연의 일을 방해하는 해도 그만 안 해도 그만인 일'이라는 고정관념이 자리 잡는다.

"이거 한다고 바뀌냐?"

"제발 그냥 일이나 하게 내버려 둬."

"차라리 돈으로 줘. 쉬게 해주든지!"

제대로 하지 못한다면 차라리 안 하느니만 못하다. 돈, 시간, 노력을 들여 남는 게 하나도 없을 테니 말이다.

물론 전담 조직이 있다고 좋은 조직문화가 만들어지는 것도 아니다. 필요조건이긴 하지만 충분조건은 아니다. 종종 H카드의 문화가 좋다더라는 풍문이 들리지만 정작 그 회사 현직에 있는 사람들은 똥 씹은 표정으로 고개를 절레절레 흔드는 걸 보면 그 속사정은 모를 일이다.

다만 사건의 첫 단추라는 관점에서 봤을 때 최고 의사결정권자의 마인드와 전담 조직의 존재는 하늘과 땅 차이다. 0과 1의 물리적 간극은 고작 1이지만 그 본질이 담은 의미는 선명하고 뚜렷하다.

"다 좋은데 회사는, 회사는 전쟁터나 다름없는 거요. 전쟁통에 무슨 휴머니즘을 찾고, 행복을 찾고 그러나? 일을 재미로 하나? 내가 살려면 치열하게 남들보다 더 독하게 그렇게들 사는 거지? 무슨 불만들이 그렇게 많아?"

이제야 속마음을 시원하게 오픈했다. 그런데 이걸 어쩌나? 아래 그림을 보자.

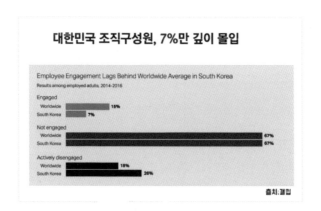

그렇다. 대한민국 직장인의 7%만이 일에 몰입한다. 비슷한 조사들이 이곳저곳 많지만 '대다수의 직장인들이 회사에서 일에 몰입하지 못한다'라는 결론만은 고정 불변이다. 7%냐 10%냐 20%냐의 숫자 놀음은 대세에 큰 영향을 미치지 못한다.

회사를 전쟁통으로 만들고(그렇다고 인식하도록 강요하고) 일을 (먹고) 살기 위해 어쩔 수 없이 해야 하는 것으로 만든 결과다. 이제 만족하는가?

하루 8시간씩 주 5일. 20대 중반부터 50대에 이르기까지 인생의 황금기에 가장 긴 시간을 보내야 하는 일터에서 재미도, 의미도, 성장의 증거도 없이 그저 먹고 살기 위해 마지못해 회사를 다니는 직장인들, 그리고 그들이 모인 조직은 지금 어떤 모습일까? 미래까지 따질 필요도 없다.

회사가 정말로 전쟁터와 같다면 그 안에서 일하는 사람들의 정신세계는 괜찮을까? 언제 잘릴지 몰라 불안함에 떨며 '네가 죽지 않으면 내가 죽는다'라는 본심을 숨기고 선의로 위장한 가면을 쓴 채 동료를 짓밟고 올라서는 일이 전부인, 제로섬 게임에서 만들어낼 수 있는 가치란 무엇일까?

일이 재밌어서 하냐고? 요즘 같아선 '예스'다. 아니 요즘이 아니라 원래부터 그랬어야 한다. 일은 재밌어야 한다. 회사에서 무기력하고 별 볼 일 없던 사람이 퇴근하는 순간 돌변해 갑자기 창의적이 되고 활동력이 넘치고 에너지 충만해지는 '부활'을 지켜보면 인간은 저마다의 즐거움과 에너지를 품고 있는 '개성적' 존재가 틀림없지 않은가?

구글이나 애플, 아마존, 배민 같은 국내외 유명 회사를 군이 들먹이지 않더라도 하고 싶은 일을 스스로 찾아내 즐기면서 하는 이들이 전에 없던 엄청난 성과를 이루고 새로운 가치를 창출해내는 증거는 얼마든지 차고도 넘쳤다.

이를 보면 '조직문화가 경쟁력의 전부'라는 루 거스너의 말은 일말의 과장도 없는 진실에 가깝다. 회사는 전쟁통이 아니고 일은 재밌어야 한다. 얼마든지 심리적 안정감 속에 공통의 가치와 규율을 지키면서도 자율성을 발휘해 재미있게 일하고 고유의 결과물을 만들어내고 이를 바탕으로 성장할 수 있다.

하고 싶은 일과 해야 하는 일과 할 수 있는 일 사이의 균형을 맞추는 일. 개인과 회사가 함께 합을 맞추는 일이다. 언제까지 회사는 동아리가 아니라며 해야 하는 일만 강제로 주입시킬 것인가?

조직문화는 이 중대한 일을 해내는 열쇠다.

새삼 조직문화란 무엇인가?

사정이 이렇다 보니 사실 조직문화가 뭔지도 제대로 모른다. 조직문화란 대체 뭘까?

조직마다 제각기 독특하게 갖고 있는 보편화된 생활양식. 다시 말해서 조직문화란 한 조직 내의 구성원들 대다수가 공통적으로 가지고 있는 신념·가치관·인지認知·행위규범·행동양식 등을 통틀어 말한다.

사전적 의미는 뭔가 그럴듯해 보이지만 막상 손에 잡히진 않는다. 좀 쉽게 현실적으로 우리 식대로 정의할 수는 없을까?

나는 개인적으로 조직문화를 이렇게 정의하고자 한다. '대체 이 회사를 왜 다니는가?'라는 질문에 대한 답의 총합이라고. 그게 어렵다면 '다른 곳도 아닌 바로 이곳에서 일하고 싶어하는 정도'라고 하면 어떨까?

중요한 지점은 바로 '이 회사, 이곳에서'다.

각자의 개성을 가진 개인과 예측할 수 없는 환경, 그 무수한 다양성 속에서 교집합을 찾는 일. 강한 조직문화란 이 교집합에 동의하는 사람들의 밀도가 높은 상태를 말한다. 자율과 통제는 바로 여기에서 조율된다. 그 토대 위에 각자의 개성, 고유성을 발휘해 구심력과 원심력을 동시에 확보할 수 있다면 최강이다.

구글이니 배민이니 하는 곳의 이미지(사실 겉으로 노출된 모습일 뿐 실상은 알 수 없는)를 참고할 필요도 없이 우리 내부로 시선을 돌려 우리끼리 '이곳에서 얼마나 만족스럽게 일하고 있는가'를 살피고 어떻게 하면 조금 더 그런 상태가 되도록 할까를 고민하고 실행하는 일이다.

갈라파고스처럼 외부의 변화나 트렌드에 눈감고 자기 위안이나 하자는 말이 아니다. 먼저 내부로부터 시작할 수 있어야 한다는 것이다. 내부의 구심력이 탄탄하지 못한 상태에서 외부를 좇으면 원심력에 의해 낱낱이 흩어지고 말 테니 말이다.

도표를 좋아한다면 아래 그림을 보자. 어느 조직이나 그냥 내버려 둬도 잘하는 사람이 있고 무슨 짓을 해도 삐딱한 못난이들이 있게 마련이다. 대략 각각 10%씩 기본적으로 존재하는 것으로 보인다. 20%가 나머지 80%를 책임진다는 파레토 법칙이 인적 구성에도 기가 막히게 들어맞는다. 이들은 웬만한 노력으로는 잘 변하지 않는 고정값과도 같다.

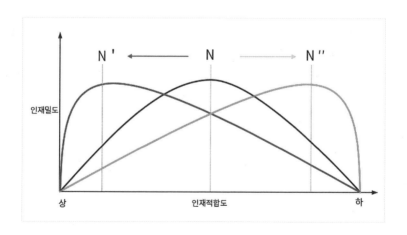

결국 조직문화를 만든다는 의미는 그 어디도 아닌 바로 이곳에서의 존재 이유, 즉 비전이나 미션 같은 방향성에 강하게 동조하는 교집합에 속하는 소수Right person, 이도 저도 아닌 그 중간값에 속한 다수Normal person, 엇나가는 방향으로의 교집합에 속하는 소수Rotten apple를 어떤 비율로 구성해낼 수 있을까의 문제로 보면 간단하지 않을까?

같은 맥락에서 조직문화가 강하고 좋아진다는 것은 '라이트 퍼슨Right person'의 숫자와 밀도가 높아진다는 뜻이 된다. 같은 배에 탔다는 방향성에 동의하고 기꺼이 함께 가보겠다는 자세가 되어 있는 동료를 찾고 유지하고 함께 성장하는 일이다. 그 기반 위에서 각자의 성향, 기질, 고유성을 존중하고 특화된 장점을 마음껏 펼칠 수 있도록 플레이 그라운드를 만들어 주면 그 회사 고유의 조직문화가 마침내 만들어진다.

반드시 선행되어야 하는 일은 우리는 왜 여기에서 이 일을 하는가라는 본질에 대한 탐구다. 우리의 목적지는 어디이고, 왜 그곳에 도달하려고 하는지를 선명하게 제시하고 '너 내 동료가 돼라'라고 당당하게 손을 내밀 수 있어야 한다.

이런 교집합에 대한 강력한 이야기도 없이 학교, 외국어 성적, 외모 등 외적 요인만으로 사람을 뽑아온 다수의 회사들은 만성 인력난에 고통받는다. 역시 회사의 외적 요인(네임 밸류, 급여 등)을 보고 들어왔을 그들은 크고 작은 동기 결핍에 시달리고 사소한 외부 요인에도 쉽게 흔들린다. 어디선가 1원이라도 더 준다면 미련 없이 '바이바이'다. 시간과 비용, 품을 들여 뽑은 노력이 무색하게 1년도 지나지 않아 모두 퇴사해 버리는 일도 비일비재하다. 외적 요인으로 승부할 경쟁력도 없으면서 외적 요인으로만 승부한 결과다.

〈원피스〉의 주인공인 루피의 동료들은 해적왕이 되겠다는 그의 비전과 인간적 매력에 끌려 모험을 함께 하기로 마음을 먹는다. '밀짚모자 해적단'과 '고잉메리 호'가 존재하기도 전이었다. 그들이 해적단의 명성, 높은 현상금, 시설 좋고 거대한 해적선 등 눈에 보이는 조건을 우선시했다면 결코 없을 일이다.

밀짚모자 해적단은 동료가 되기로 결정한 후 단 한 명의 낙오도 없이 날이 갈수록 강해지는 적과 수위가 높아지는 위기를 함께 극복하며 해적왕이라는 최후의 목적을 향해 한 발 한 발 나아간다.

누군가 "현실은 만화와 다르지 않냐?"라고 투덜거린다. 맞다. 만화보다 더 만화 같은 일이 실제로 종종 일어나긴 하지만 현실은 엄연히 만화와 다르다. 작가의 의도대로 그려지는 확정된 결말도 없고 주인공을 위기에서 구해내는 신비한 열매나 능력도 없다.

그러나 그런 논리라면 에어비앤비Airbnb, 우버Uber 등을 포함한 세상의 모든 혁신적 스타트업들은 애초에 탄생하지도 못했을 것이다. 만화 같은 비현실적인 아이디어라며 '그게 되겠냐'라는 비아냥을 듣던 이들이다.

어디 이들뿐인가? 우리가 익히 알고 있는 거대 기업들의 시작도 심히 미약했다. 애플의 스티브 잡스는 집의 남는 공간에서 컴퓨터 조립부터 시작했고, 아마존의 제프 베이조스는 조악한 배너를 붙여 놓고 세 명의 동업자와 함께 온라인 책 장사부터 시작했다.

결국 그들을 거대한 성공으로 이끈 요인은 '우리가 왜 이 일을 하는가'에 미쳐 있는 선도자와 그를 알아보고 따른 자들의 확신과 믿음, 그리고 내면에서 우러나오는 자발적 헌신 때문이라는 사실을 누가 부정할 수 있을까?

물론 그렇게 시작한다고 해서 모두가 애플이 되고 아마존이 될 수는 없지만(어쩌면 불가능할지도 모르지만), 어떤 형태로든 조직이 성장을 멈추고 실패를 거듭하는 이유는 분명 '내가 이곳에서 일해야 하는 이유'라는 본질의 탐구 없이 밑이 뻥 뚫린 상태로 무언가(시간, 사람, 비용 등)를 쏟아붓고 있기 때문이다. 어렵게 찾아온 운마저도 뻥 뚫린 밑으로 빠져나가 버린다.

조직문화는 0에서 1을 만드는 일이 아니다. 90에 10을 더해 100을 완성하는 일이다. 모든 문제를 단번에 해결해주는 만병통치약이 아니라 기본은 되는 회사를 이상적인 일터로 완성하는 일이다.

0에 다른 숫자를 곱해 봐야 0으로 수렴할 뿐이다. 밑이 뻥 뚫린 회사에 스티브 잡스가 환생해서 워크숍, 간담회, 팀 빌딩을 해봐야 되돌릴 수 없다.

'이 회사에 다니고 싶어'라는 생각을 가진 사람들로 가득 차게 만드는 근본적인 작업이다.

조직문화 불치병, 어찌어찌 병

가장 무서운 건 '어찌어찌' 병이다. 일단 회사가 어느 정도 궤도에 올랐다면 그 탄성으로 굴러갈 수는 있다. 아무리 현장에서 인력 부족을 외쳐도 엉망진창인 리더들의 횡포를 고발해도 구멍가게보다 못한 주먹구구식 문화를 지적해도 어찌어찌 돌아가긴 한다.

그나마 회사가 잘 나갈 때는 괜찮다. 문제가 있어도 대충 가려진다. 당장 손에 잡히는 성과가 있어서 곳곳에 산재한 문제점들을 발견하지 못하거나 발견했다 해도 분위기에 휩쓸려 그냥 넘어가곤 한다.

문제는 회사가 위기에 빠지거나 오랜 기간 침체될 때다. 애초에 사람의 진짜 모습은 위기와 압박의 상황에서 나오지 않던가? 좋을 때 좋은 건 아무것도 아니다. 안 좋을 때 그 사람의 진가가 드러난다. 사람이 모여 만든 조직 또한 다르지 않다.

회사가 건강한 조직문화를 가졌다면 위기에서 그 위력이 나타난다. 잘 나갈 때 좋아 보였던 착시들이 거두어지면 겉으로 드러난 외적 요인 말고 스스로의 동기, 일의 재미, 의미, 성장, 성취감 등 내적 요인이 빛을 발한다. 회사에 대한 애정과 확신만 있다면 오히려 더 똘똘 뭉치고 단합해 위기를 극복하려 할 것이다. 그 반대라면 그 즉시 숨겨졌던 문제점이 표면으로 돌출해 서로를 짓밟고 혼자만 살아남으려는 아비규환이 벌어지게 될 것이다. 배경이 탄탄한 대기업이라도 예외는 없다.

나는 16년 동안 S대기업 모 관계사에서 사람과 관련한 일을 했다. 사람을 뽑고 육성하고 일을 잘할 수 있도록 환경을 만드는 일이었다. 조직문화를 처음 맡았던 건 이제 막 대리를 달고 한창 의욕에 타오르던 시기였는데 '조직문화 뭐 있어'라며 밑도 끝도 없는 자신감에 차 있었다. 그 자신감은 차츰 맨땅에 헤딩하는 낭패감으로 바뀌었다.

회사는 높으신 분들이 거하게 말아 드신 투자 실패를 기점으로 외부 위기(SAAD 배치로 인한 중국발 위기 등)까지 덮쳐 근 10년간 침체의 늪에 빠졌다. 그 과정에서 세 차례의 정리해고를 강행했고 1,500명이 넘던 인원이 1,000명 수준으로 줄어들었다. 그 실적에 따라 1년에 한 번씩 바뀐 임원진은 오직 인력 효율화 과제를 이행하는 데 혈안이 됐다.

회사는 조직문화 개선을 한다는 명분으로 '함께 위기를 극복해봅시다'라는 주제의 워크숍을 전사적으로 진행했다. 그리고는 당장 그다음 달부터 흉흉한 소문이 돌기 시작했다. 희망퇴직 명단을 짜서 대상자들에 면담을 종용하고 있다는 소문이었다. 이는 곧 사실로 밝혀졌고 회사의 기만에 현장은 분노했다.

사람이 중요하고 행복이 우선이라고 외쳐 왔던 그룹의 추구 가치가 무색하게 위기가 닥치자 회사는 허를 찌르는 기만전술로 사람부터 잘라냈다. 애초에 사람을 사람으로 보지 않고 관리해야 할 비용, 언제든 갈아 끼울 수 있는 부품 정도로 보고 있었다는 증거다. 회사는 그렇게 양치기 소년이 됐다.

"이거 한다고 되겠냐? 대체 뭐가 변하는데?"

"권한은 다 뺏어가고 책임만 지라는 거야? 이런 상황에서 무슨 리더가 있어?"

"사람이나 뽑아주고 이런 걸 해. 현장은 사람이 없어서 죽어난단 말이다."

정상화랍시고 회사가 주도하는 모든 일은 의심을 샀다. 그 어떤 회사의 메시지도, 간담회도, 워크숍도, 제도 개선도 통하지 않았다.

그룹에서 해마다 실시하는 조직문화 진단에서 3년 연속 압도적 꼴찌를 기록했을 때 들끓는 현장의 아우성을 어떻게 표현할 수 있을까? 고민하다 결과 보고서에 '밑 빠진 독'을 실제로 그려 넣고 사장에게 이렇게 말했다.

"이 상태에서는 그 어떤 변화의 노력도, 콘텐츠도 메시지도 먹히지 않을 겁니다. 밑 빠진 상태가 무엇을 말하고자 하는지 사장님이 더 잘 아실 겁니다. 저는 더 이상 할 수 있는 일이 없습니다."

조직문화 책임자로서 의욕을 완전히 잃고 뭘 해도 안된다는 좌절감 속에 손을 놓았다. 나 자신을 추스를 수 없는데 다른 사람의 행복을 말하고, 회사의 조직문화를 혁신해서 이 위기를 극복하자고 말할 수 있을까? 상처투성이로 널브러진 현장의 사람들에게 힘을 좀 내보라고 말해야 하는 위선을 견딜 수 없었다.

가장 큰 손실은 그 여파로 일할 만한 사람들이 대거 조직을 떠났다는 것이다. 정작 나가줬으면 하는 사람들은 어떻게든 버티고 다른 곳에서도 충분히 통할 인재들은 새로운 기회를 찾아 자발적으로 떠나갔다. 신규 채용도 수년간 중단했으니 새로운 피의 수혈도 없다. 간헐적으로 들어오는 경력직들은 회사의 상태를 보고 1년도 못 되어 대부분 퇴사했다.

사람이 나가면 실적을 올렸다며 박수 치는 회사, 누구도 불러주지 않고 어디에도 갈 곳이 없어 눌러앉은 사람 들로만 가득한 회사. 이들의 미래는 과연 어떻게 될까?

물론 긴 병에 효자 없다고 회사가 장기간 침체를 겪으면 당연히 생기는 문제라고 생각할 수 있다. 그러나 조직문화가 탄탄하고 회사에 애정을 가진 사람들의 밀도가 높았다면 10년의 위기는 5년, 3년 아니 더 빠른 시기에 끝낼 수 있었을지도 모른다.

직접 하라

조직문화는 내부의 이야기다. 지향점을 정하고 스토리를 만들고 큰 그림을 그려 뼈대를 세우는 일이다.

약 10여 년 전, 처음 조직문화 업무를 맡을 당시 사수들이 가르쳐준 정석은 CEO가 지시를 하면 컨설팅 업체에 의뢰해서 계획과 진행을 맡기고 운영팀은 장소를 세팅하고 뒤풀이를 준비하는 일이 전부였다.

모로 가도 서울만 가면 된다고 원하는 결과물을 손에 넣을 수만 있다면 누가 하든 무슨 상관인가 싶겠지만 외부인의 손에 이끌려 모로 가는 길로는 서울에 이르지 못한다.

큰돈을 들여 유능한 업체를 선정하고 시간과 노력을 쏟아부어도 직접 하지 않으면 말장꽝이다. 설령 좋은 결과가 있었다 하더라도 반짝 성공에 그치고 원상태로 돌아간다.

이유는 간단하다. 스스로의 고민으로부터 시작하지 않았기 때문이다. 일단 보고서에 쓰인 '목적과 의의'만 봐도 대번 알 수 있다.

'급변하는 경영 환경 속 구성원들의 위기의식을 고취하고 의욕적이고 자발적인 업무 몰입 분위기를 만들기 위함' '신년을 맞아 변화의지를 다지고 더 성장하는 리더십을 함양하기 위함' '수평적 소통과 창의적 역량을 제고하고 혁신을 꾀함'

대다수의 서두는 이렇게 시작할 것이다. 여기에 회사 이름만 살짝 바꿔

보라. 큰 무리가 없다면 '겨울이 되면 눈 내린다' 수준의 고민을 한 것이다.

주5일, 하루 8시간. 내 일과 중 가장 많은 시간을 보내는 일터, 나는 대체 여기서 왜 일하고 있는지? 기본적이고도 본질적인 질문은 지레짐작이나 겉핥기로 그친 채, 그저 무언가를 가져오라는 높으신 분의 지시만 받아 들고 꾸역꾸역 내키지 않은 일을 쳐내기 급급했기 때문이다.

비싼 돈 주고 모셔온 컨설팅 업체 또한 계약 전과 후가 달라진다. 뭐든 맡겨만 주십시오. 우리에겐 만병통치약이 있으니까요! 자신하던 태도는 사인과 함께 돌변해 그저 자신들이 우려먹던 솔루션, 프로그램을 기계적으로 진행하는 일 외에는 관심 없다.

"우리 상황에 맞게 꼭 커스터마이징 해야 합니다."

"아휴, 걱정 마세요. 저희가 괜히 전문가겠습니까? 맡겨만 주세요."

마음을 턱 놨지만 웬걸? 막상 진행과정에서 그들이 내놓은 방법론이란 특별한 게 없다. 그저 장표에 회사 이름만 바꿔 놨을 뿐이다. 경영 서적에서 나 볼 법한 교과서 같은 이야기로 강의를 진행하고 참석자들은 토론을 한다. 어디선가 천 번도 넘게 들어봤을 뻔한 결론을 플립차트에 써서 발표를 하고 박수를 쳐준다. 어떤 조는 시간이 없다며 발표마저 생략한다.

진짜 하이라이트는 이제부터 시작이다.

"오늘 수고했어."

"야, 이거 그동안 굳은 머리 풀로 돌리느라 고생 좀 했지."

"소주 3, 맥주 7?"

폭탄주가 돌고, 으쌰으쌰 분위기가 고조된다.

"매출 3000억을 위하여!" "할 수 있다!" 따위 구체적 실행 계획도 없는 허무맹랑한 목표가 난무한다. 폭풍 같은 술자리가 끝나고 당장 그 다음날부터 현장은 무슨 일이 있었냐는 듯 원상복귀 한다.

담당자 또한 이에 큰 불만은 없다. 당장 이 골치 아픈 일을 털어내는 것이 목적이므로. 그저 '이벤트'를 잘 치러냈다는 사실이 더 중요하다.

유일한 승자는 컨설팅 업체다.

1982년 당시 미국 최대 통신회사 AT&T는 그 유명한 매킨지앤컴퍼니에 의뢰해 2000년 시점의 휴대전화 시장 규모를 예측케 했다. 매킨지가 낸 최종 결론은 90만대. AT&T는 그 결론에 맞춰 사업계획을 짰지만 실제 그해 스마트폰 출하량은 1억대를 훌쩍 넘겼다. 1984년 AT&T CEO 찰스 브라운은 이 엉터리 예측에 근거해 휴대전화사업 부문을 매각하는 치명적 경영 판단을 단행했고 이후 AT&T는 모바일화의 시류에 뒤쳐져 경영 악화로 궁지에 몰린 끝에 스스로 떼어냈던 이전 그룹 기업인 SBC커뮤니케이션스에 매수되어 소멸의 길로 들어섰다.

그 똑똑하다는 최고의 인재가 모인 세계적 컨설팅 사도 이모양이다. 이들의 헛다리 사례는 이것 말고도 무궁무진하다.

물론 돈을 들인만큼 어떻게든 솔루션이 나오긴 한다. 성과 지표로 표기하기 용이한, 눈으로 보여지는 퍼포먼스들이 화려하게 '나열'된다.

주중 하루를 OO day라고 이름 붙여(이 명칭도 사내 공모를 받는다) 조금 일찍 끝내주거나 취미를 위한 활동으로 할애한다. 회사 포털에 아이디어 제안이나 건의사항을 활성화하겠다며 포상금을 걸거나 대폭 올린다. 회의실에 모래시계나 X자가 붙은 마스크를 비치해두고 '필요한 말만' 포스터를 붙여둔다. 휴게실에 안마의자 몇 개를 비치해 놓는다. 수평석 문화 징책을 위한디며 직급 체계를 없앤다 등등.

뭐 좋다. 좋은 시도다. 이 정도도 못하는 회사들이 대다수이지 않던가? 그러나 안타깝지만 들인 노력에 비해 효과는 미미하리라. 어디에나 다 있는 표면적 문제들을 수박 겉핥기로 깔짝거리는 일 그 이상도 이하도 아니기 때문이다. 왜 이걸 해야 하는지에 대한 본질적 이해와 교감도 없이 겉으로 드러내기 좋아 보이는 행위를 '나열'하는 정도에 그치기 때문이다.

이를테면 네트워크 연결 없는 디지털 기기와 같은 꼴이다. 그 안에는 1980년대에 유행했을 법한 낡은 프로그램들이 한정적으로 들어가 있을 뿐이다. 한두 번 호기심에 접해보곤 한 달 이내로 무덤덤해진다.

결국 돈 쓰고 시간 쓰고 사람 쓰고 애는 쓸 대로 썼지만 막상 돌아보면 아무것도 변한 게 없다는 사실을 깨닫게 된다. 또다시 고민에 빠진다. 환경도 바꾸고 제도도 도입하고 호칭도 바꿨는데 수평적 문화는 왜 정착되지 않는 걸까? 왜 일하기 좋은 회사로 바뀌지 않는 걸까?

다짜고짜 타사 벤치마킹부터 떠올리고 외부 컨설팅에 전적으로 의존하려는 습성은 비겁함에서 비롯한다. 자기 자신의 문제를 객관적으로 직시하고 스스로의 힘으로 돌파하기 보다는 남들도 이렇게 하던데, 하는 리퍼런스를 내세워 혹시 모를 실패에 대한 책임을 회피하려는 본성 말이다.

내부의 커다란 구멍이 뚫려서 그 어떤 인풋을 쏟아부어도 줄줄 새는 상태에 이르렀다면 다 허사다. 밑 빠진 독을 두꺼비가 와서 메워주거나 독 자체를 바꾸지 않는 한 콩쥐가 물을 가득 채우고 원님의 잔치에 갈 가능성은 없다.

외부 컨설팅 전문가들은 마법의 두꺼비로 변해 우리를 구원해 주지 않는다.

MEET부터 다져라

위키피디아에 올라오는 거의 모든 질문들은 그 답을 찾아 4, 5단계만 깊이 들어가도 대부분 철학으로 귀결된다고 한다. 우리가 살면서 겪는 현실의 문제는 대부분 본질적 원인에서 비롯된다는 뜻일 것이다.

'나는 왜 여기에서 이 일을 하는가?'라는 답을 찾기 위해 철학을 깊이 있게 통달할 필요는 없지만(그럴 가능성도 없지만) 적어도 인생에 가장 중요한 영향을 미치는 '먹고 사는 문제'인 만큼 '먹고 살기 위해서'라는 지극히 1차원적 답을 초월한 본질적 답을 '언젠가는' 반드시 요구받게 된다. 장담하지만 절대로 피해갈 수 없다.

그 본질을 어디에서 찾을 수 있을까? 단서는 바로 밑MEET에 있다.

Motivation동기 / Emotion감정 / Environment환경 / Trust신뢰

어려운 개념도 아니고 일하면서 누구나 한 번씩은 되새겨봤을 요소들이다. 현실이라는 두 발이 내디딘 밑 바닥에 관한 이야기다. 이 밑이 빠져버리면 '먹고 살려고'라는 1차원적 답에서 그 다음으로 나아가기 힘들다. 무르고 질퍽한 땅에서 우사인 볼트가 나올 수 없는 이치다.

첫번째 MEET은 Motivation, 동기다.

"나는 왜 회사를 다니는가?"라는 질문에 가장 흔한 답은 "먹고 살기 위해서" 다름아닌 '돈'이다. 돈이 일하는 주요 동기라는 사실에는 반박할 생각이 없지만 그게 전부인가? 되묻는다면 글쎄, 잘은 모르지만 그렇신 않다고

할 것이다.

《아, 보람 따위 됐으니 야근수당이나 주세요》라는 책이 유행한 적이 있다. 개인의 희생을 당연시하던 사회적 관습의 반발이라는 배경에 대해서는 충분히 공감하고 지지를 보내지만 돈만이 유일한 동기이자 가치임을 암시하는 투는 어쩐지 불편하다.

돈으로 대표되는 외적 조건과 보람, 성취 따위 내적 조건은 하나를 얻으면 하나를 포기해야 하는 트레이드 오프의 관계가 되어서는 안 된다고 믿기 때문이다. 적어도 같은 레벨에서 동등하게 다뤄져야 할 문제이지 이것 아니면 저것이라는 흑백논리는 위험하다. 돈이라는 1차원적 문제만을 고집하면 반드시 결핍이 생기게 마련이다. 오늘날 우리가 워킹 좀비가 된 이유는 '돈 때문에 다니지'라는 체념에 가까운 푸념 속에 그 답이 있는지도 모른다. 돈으로 시작하지만 결국 우리를 실질적으로 움직이게 만드는 고차원의 동기는 무엇이 있는지 알아본다.

두 번째 MEET은 Emotion, 감성이다.

감성지능 EQEmotional Quotient를 연구한 대니얼 골먼은 이와 관련해 의미심장한 말을 남겼다. "CEO들은 뛰어난 지능지수와 경영능력으로 CEO 자리에 오르지만, 감성지능 부족으로 해고된다." 멀리 갈 필요도 없이 우리 회사 CEO를 떠올려 보면 대번에 그 의미를 알아챌 수 있다. 결론부터 말하자면, 근면성실을 디폴트 값으로 숫자에 밝고 냉철한 이성적 마초들이 리딩하는 시대는 양적 성장이라는 성과와 인간상실이라는 상처를 남긴 채 사실상 끝났다.

바야흐로 사람 중심의 시대(이제 결코 립서비스에 그쳐서는 안 되는)에 시장이 강력하게 요구하는 것은 단연코 공감 능력이다. 외부 고객은 기본이고 내부 구성원의 마음도 사야 한다. 오늘날 기업들이 입이 닳도록 창의성, 혁신을 부르짖으면서도 도무지 변화없이 제자리 걸음을 하는 이유는 지능지수는 높되 감성지능은 떨어지는 소시오패스 리더들이 요소요소에 박혀 있는 탓이라고 확신한다. '일하고 싶은 회사'를 만들려면 사람의 마음을 읽고 적절히 대응하는 감성지능에 대한 획기적 인식 전환이 그 어느 때보다 필요하다.

세 번째 MEET는 Environment, 곧 환경이다.

코로나가 창궐한 지 수년째다. '곧 끝나겠지'라는 대다수의 생각은 철저히 빗나갔고 생활 패턴은 급변했다. 비대면은 말할 것도 없고 모두가 마스크를 써야 하는 괴이한 그림도 이제는 익숙해졌다. 마스크에 익숙하지 않았던 초기의 번거롭고 답답했던 기억을 감안하면 덜하지만 여전히 불편하고 걸리적거리고 부자연스러운 환경임에는 틀림없다. 살기 위해 적응한 셈이다. 그러나 이는 어디까지나 일시적인 방편일 뿐, 우리 모두는 원래의 환경으로 돌아가길 손꼽아 고대하고 있다.

일하는 사람에게 회사는 또 하나의 환경이다. 실제 일하고 생활하는 물리적 환경, 우리의 생각과 판단에 영향을 미치는 정서적 환경이 공기, 물, 토양처럼 우리에게 끊임없이 직간접적 영향을 미치고 있는 셈이다.

교실 위로 날아다니는 비행기 소음 때문에 학생들의 SAT 점수가 그렇지 않은 곳에 비해 20% 이상 낮다는 미국 심리학자들의 실험 결과를 굳이 들먹이지 않더라도 귀를 찢는 드릴 소리와 진동이 끊임없는 공사 현장 옆에서 집중력 있는 학습을 하기 어렵다는 사실쯤은 누구나 안다.

일터의 물리적, 정서적 환경의 안정은 선택이 아니라 필수다. 이런 기본적 토대도 제대로 갖추지 못한 채 불안정한 상황에서 구성원의 몰입만을 종용하는 회사들이 얼마나 많은가? 악취를 풍기는 환경에 오래 머물면 악취를 악취로 느끼지 못한다.

'다니고 싶은 회사'를 제대로 만들려면 일터의 물리적, 정서적 환경 공사부터 재정비해야 한다. 그 토대가 안정되었을 때 비로소 원하는 무언가를 쌓아 올릴 수 있다.

네 번째 MEET는 Trust, 곧 신뢰다.

늑대가 나타났다! 양치기 소년의 거짓말을 우리는 잘 안다. 그리고 그 이야기의 비극적 결말도 안다. 속으로는 딴생각을 하면서 겉으로만 친절한 척, 친한척, 이해한척 구는 아슬아슬한 관계의 위태로움 또한 우리는 너무도 잘 안다.

회사는 무수한 립서비스로 구성원의 뒤통수를 쳐왔다. 사람이 미래라면서 위기가 닥치자 뒤에서는 리스트를 만들어 쳐내기 바빴다. 자율의 중요성을 강조하면서 실제로는 통제를 놓기 싫어 전전긍긍했다. 책임감이 중요하다면서 한편으로는 권한을 축소했다. 고객이 우선이라면서 사실은 매출을 바라봤다.

이를 전략이라고도 불렀다. 그 결과물을 성과라고 자축하기도 했다. 그러나 양치기 소년의 거짓말이 오래 가지 못한 것처럼 구성원들은 이내 알아챘다. 말과 행동이 다른 기만을. 하등 도움 안되는 꼼수다. 그것이 신화가 되어 굳혀지면 정말로 답이 없다. 신뢰의 구멍이 뚫려 뭘 해도 영이 안 서는 상황이 지속된다. 밑이 거하게 빠졌다면 탈출 각이다.

신뢰는 네 가지 키워드인 MEET의 종착역이다. 좋은 일터, 다니고 싶은 회사는 결국 신뢰 형성 여부로 판가름 난다. 회사와 구성원, 리더와 구성원, 구성원과 구성원 서로서로 신뢰할 수 있는 관계인가? 아닌가? 이상적인 조직문화에 있어 이보다 더 중요한 질문은 없다.

MEET 빠진 회사에 열정 붓기를 강요하지 말자. 그래봤자 아무 소용없다. 지금부터 탄탄한 MEET부터 다져보자.

각 에피소드에 등장하는 기업, 사건은 실제에 기반을 두었지만 나의 주관적 입장이 반영되어 재해석되거나 각색된 세미 픽션이다. 등장인물 역시 이니셜과 실제 인물과는 무관하며 여러 인격체를 조합해 재구성한 캐릭터라는 것을 밝힌다.

PART

1

Motivation

컴퓨터 공학자이자 다트머스 대 교수 칼 뉴포트는 일반 회사원들의 경우 "온전히 제 일에 투입되는 시간이 2시간도 안 된다"고 단호히 선을 그었다.

2018년부터 2020년까지 15세 이상 전 세계 직장인들을 대상으로 설문조사에서는 참여한 한국인 1,241명의 통계를 낸 결과 겨우 12%만이 업무에 몰입하고 있다고 답했다.

멀리 갈 필요도 없이 내가 어떻게 일하는지 조금만 유심히 살펴보면 알게 된다. 잡담하기, 담배 피우기, 커피 마시기, 식후 졸기, 인터넷 서핑하기, 메신저 하기, 업무와 큰 상관 없는 메일이나 전화 응대하기, 회의 참석하기, 대세에 지장은 없으나 놓치면 문제가 생기는 루틴한 일 처리하기 따위로 얼마나 많은 시간을 낭비하고 있는지. 뜨끔하다.

이메일이나 전화응대, 회의 참석하기, 루틴한 업무하기는 온전히 개인적 일이라고 볼 수는 없지만 엄연히 일의 본질과 직접 관계없는 부수적 일에 가깝다.

이렇게 된 데는 다 이유가 있다. '따박따박 나오는 월급' 외에 특별한 동기가 없기 때문이다. 일이 재미없고 의미 없고 발전도 없다고 느끼기 때문이다. 사무실에만 들어오면 생기라곤 없는 '워킹 좀비'는 그렇게 탄생한다.

그들은 퇴근 시간이 가까워지면 스멀스멀 부활한다. 특히 금요일 퇴근 1시간 전부터 서서히 타오른다. 주말을 하얗게 불태우고(사실 불태우는지 집에 틀어박히는지 각자의 취향이겠지만) 일요일 저녁이 되면 월요병을 시름시름 앓다가 다시 좀비 상태로 출근길에 나선다.

'다들 그렇게 살아'라고 위안하며 대수롭지 않게 넘겨도 되는 걸까? 내 생에 가장 빛나야 할 황금기를 재미도 없고 의미도 없고 성장도 멈춘 회사에서 단지 돈을 벌어야 한다는 이유만 장착한 워킹 좀비 상태로 살아야 한다면 슬프지 않은가?

어쩌다 이렇게 된 것일까? 첫 번째 이유는 스스로에게 있다. 딱히 회사원이 되고 싶은 것도 아니었다. 회사원이 되라고 등 떠민 사람도 없다. 어쩌다 보니 점수 맞춰 대학을 갔고(혹은 가지 않고), 남들과 비슷한 취업 스펙을 쌓으며 졸업을 했고 내 수준에 갈 수 있는 회사를 찾아 지원서를 냈고 운이 좋아 더 좋은 곳에 붙고 운이 나빠 더 안 좋은 곳에 붙었을 뿐이다(운이 더 나쁘면 이도저도 다 떨어져 한동안 백수 신세가 되기도 하고).

별다른 목표도 가슴 뛰는 꿈도 없이 일단 취업만 하고 보자는 마음으로 들어왔으니 그저 개중의 하나로 순응해 가늘고 길게 가기로 마음먹었다. 그런 상태로 1년, 3년, 10년 시간이 흐른다.

그다음은 회사의 시스템 때문이다. 말이 좋아 시스템이지 그저 닥치고 시키는 일이나 열심히 하라는 유무형의 압력에 다름 아니다. 개중에는 왜 이렇게 하는지 이유도 알 수 없고 오히려 개인의 동기나 성장에 아무짝에도 쓸모없는 구태, 관습들이 열에 아홉이다.

입사만 하면 멋지게 프리젠테이션도 하고 중요한 기획안을 척척 만들어내는 프로페셔널이 될 줄 알았건만 웹걸 글만 읽을 줄 알면 누구나 다 하는 일들의 연속이다. 입사 지원 때 지망 부서, 직무가 있긴 했다. 마케팅이니 기획이니 영업이니 인사니. 그런데 막상 들어와 보니 전문성이란 쥐뿔도 없고 다 거기서 거기다. 대략 낭패다. 더 놀라운 건 그 상태로 회사가 '어찌어찌' 굴러간다는 사실이다.

거기에 선배님, 팀상님, 상무님, 사장님까지 층층시하 챙기고 눈치 봐야 할 사람은 많고 어디에 우선순위를 둬야 할지 모를 잡다한 것들이 널렸다.

드라마 〈미생〉에서 장그래는 비효율적으로 보이는 폴더 트리를 자발적으로 '생각'해 바꿔 놓았다가 '밤새 삽질' 했다는 비아냥을 들었다. 약속된 방식을 네가 뭔데 깨트리느냐는 꾸중은 덤이다.

대리님 이거 어떻게 하면 될까요? → 넌 아직 이런 것도 모르냐? → 대리님 이거 이렇게 하면 될까요? → 누가 니 맘대로 이렇게 하래? 모르면 물어보라고.

한때 인터넷을 달궜던 '신입 무한 순환고리'가 괜히 생긴 게 아니다. 이거 두어 번 당해 보면 그 성격 좋고 패기 넘치던 신입도 언젠가는 삐뚤어지고 두 눈이 흐리멍텅해진다.

'직장생활이 다 그런 거지' '다들 그렇게 살아'라는 무적의 논리는 틀렸다. 이왕 일할 거라면 하고 싶은 일을 하고 그 안에서 의미를 찾고 실패든 성공이든 그 과정에서 성장하는 선순환 고리는 얼마든지 만들 수 있다.

살아도 산 것 같지 않은, 일해도 일한 것 같지 않은 워킹 좀비들이 그득한 호러물을 자발적 도전과 멋진 실패, 성취감으로 생동감 넘치는 어드벤처물로 바꾸는 가장 효과적인 사나리오는 단연코 동기부여다.

'내가 이곳에서 왜 이 일을 해야 하는가?'라는 질문에 답하는 접근하는 첫 번째 MEET는 바로 동기부여로 시작한다.

줄 만큼 주고
받을 만큼 받자

대기업 종합상사에 다니는 L차장은 마흔 중반이다. 간만에 중학교 동창들을 만나 곱창집에서 소주 한잔 중이다. 먹음직한 곱창 한판이 불판에서 지글지글 익어간다.

"넌 회사 왜 다니냐?"

무심코 나온 질문에 별다른 고민도 없이 답이 술술 나온다.

"우리 아들 올해 중학교 들어갔다. 내 나이 벌써 마흔하고도 중반, 언제까지 다닐 수 있을지는 모르겠고. 중학교 올라가니 뭘 놈의 해야하는 게 그리 많은지, 국어 영어 수학은 학원은 이미 기본이 된 지 오래고…이것만 해도 돈 백이 깨져. 적어도 이놈이 대학은 졸업하고 사회에 첫발을 내디딜 때까지는 내가 버텨야 하지 않겠어?"

소개팅 앱으로 유명한 스타트업에 다니는 대니얼은 20대 후반이다. 5시 반 칼퇴 후 입사 동기 몇명과 수제 버거 집을 찾았다. 요즘 뜨고 있는 동네인 성수동까지 일부러 찾아왔다.

"넌 회사 왜 나니냐?"

"폼 나게 살고 싶다. 내 생에 집은 못 사더라도 차도 사고, 때 되면 여행도 가고, 먹고 싶은 거 먹고, 사고 싶은 거 사고 엣지 있게. 일은 그저 거들 뿐. 그러고도 남으면 코인에나 투자해 볼까? 플렉스하게. 한 방을 노리면서."

세대를 불문하고 기업의 크기나 형태를 막론하고 '회사 왜 다녀?'라는 질문의 답에 들어있는 핵심은 분명 '돈'이다. 이는 생존과 직접적으로 연결되어 있다. 본능적 갈망이라는 말이다.

제롬 케이건은 "…재능 있는 수많은 미국 젊은이들은 돈을 버는 것이 현대 사회에서 유일하게 합리적인 목표라 판단한 듯하다"라고 말했는데, 동서양을 막론하고 자본주의를 사는 현대인의 돈에 대한 숭배는 분명 이유가 있다.

똑똑해진 요즘 세대들은 열정페이 따위 그럴듯한 포장 뒤에 숨은 음험한 기성세대의 꼼수를 캐치해내고 "내 노동력을 제공받고 싶거든 그에 맞는 보상을 줘라"며 목소리를 높이기 시작했다. 책 안 읽는 세대들에게 《아, 보람 따위 됐으니 야근수당이나 주세요》라는 책이 베스트셀러가 된 것을 보면 '줄만큼 주고 받을만큼 받는다'라는 당연한 황금률이 얼마나 지켜지지 않았는지 미루어 짐작할 수 있다.

'오너십을 가지고 일하라고? 그러면 오너만큼 연봉을 주던지'라는 드립역시 시대의 공감을 얻었고 많은 젊은이들의 무릎을 치게 만들었다. 공감하면서도 한편으로는 씁쓸한 생각이 드는 이유는 그저 돈이면 된다는 '머니만능주의'가 다른 모든 가치를 압도해버린 것은 아닌가? 하는 우려 때문이다. 마치 블랙홀처럼 모든 가치가 돈으로 귀결되는 세상은 정말 괜찮은 걸까?

분명 '일이 좋아서' '조금씩 성장하는 것 같아서' '회사가 좋아서'라는 답은 진부해졌다. 이상주의자나 내뱉는 비아냥의 대상이 되었고 드라마나 만화에서나 볼 법한 배부른 소리가 됐다.

"돈만 많이 줘봐. 엎드려 절하면서 다니지."

"돈만 있으면 다하지. 이 친구야. 우리가 구글처럼 못하는 이유가 뭔지 알아? 구글처럼 못 버니까."

개인과 회사를 막론하고 모든 문제의 종착역이 마치 돈인 것처럼 생각하고 행동한다. 세대를 막론한 전방위적 워킹 좀비의 창궐과 어쩐지 맥을 같이 한다.

심리학자 로버트 치알디니는 말했다. "…돈은 쉽게 눈에 띄는 동기이기 때문에 주로 거론될 뿐이며, 실제로 행동에 미치는 영향력은 생각만큼 크지 않다."

수많은 심리학, 경영학 대가들이 '돈'을 포함한 외적 조건이 동기를 만드는 전부가 아니라는 사실을 끊임없이 지적해왔다. 사람은 외적 조건이 만족스럽다는 이유로는 열정적으로 자율적으로 일하지도 않고 끝없이 더 큰 보상을 바라는 데다 그 효과마저 몇 개월 가지도 못한다는 진리를 꽤 오래전에 발견했다.

당장 블라인드나 직장인 소셜 앱에 들어가보면 직장생활은 전쟁터라며 온통 아우성이다. 종종 "돈은 많이 줘요"라는 글을 찾을 수 있는데 그 이면에 돈이 전부가 아님을 암시하는 뉘앙스가 선명하다. 초췌한 얼굴로 '인센티브 스팀팩'으로 버틴던 S텔레콤 동기의 푸념이 오버랩 된다.

돈을 많이 벌고 받으면 좋겠지만 돈 자체를 유일한 목적으로 집착할수록 돈에서 더 멀어질 뿐이라는 아이러니를 읽을 수 있다.

그 틈을 비집고 '거봐라 돈이 전부가 아니라잖냐? 일은 열정으로 하는 거지'라며 어떻게 하면 덜 주고 더 부려 먹을까로 방향을 틀 생각이라면 아서라. 자신을 도와 가슴 벅찬 미래로 함께할 동료들에게 최소한의 예우조차 못할 지경이라면 묻는다. 그 사업은 왜 존재해야 하는가?

동기부여와 관련해서 돈의 문제는 단순하다. 줄 만큼 주고 받을 만큼 받으면 된다. 딱 정해진 절대값의 문제가 아니라 회사와 구성원 쌍방이 모든 경우의 수를 충분히 고려하고 협의해서 이만하면 됐다는 교점을 찾는 일이다. 어느 한쪽에 일방적이지 않도록 간극을 좁혀 나가는 과정 자체가 의미 있는 것이다.

돈이 일하는 이유의 전부가 되어서도 안 되고 될 수도 없지만 분명한 것은 명백한 시작점이라는 사실이다. 먹고 사는 가장 원초적이면서 기본적인 문제에 최소한의 조건도 갖추지 못한다면 구멍이 생겨 그 위에 무엇도 쌓을 수 없다.

제1원칙
흔들리지 않는 탄탄함

벌써 수년 전의 일이다. 알파고라는 인공지능의 등장으로 인류는 큰 충격을 받았다. 인공지능이 인간을 넘어설 수 없다고 자신했던 바둑에서 인간 대표인 이세돌 9단이 1승 4패로 완패한 것이다. 이 장면을 실시간으로 지켜보던 인류는 '이러다가 AI가 인간을 다 집어 삼키는 거 아냐'라는 불안에 빠졌다.

다행히 우리에겐 SF의 대가 아이작 아시모프가 만든 로봇의 3원칙이 있다.

1. 로봇은 인간을 다치게 해선 안 되며, 행동하지 않음으로써 인간이 다치도록 방관해서도 안 된다.

2. 인간의 명령에 복종해야 한다. 단 1조에 위배되는 경우는 제외한다.

3. 위 두 원칙을 위배하지 않는 범위 내에서 스스로를 지켜야 한다.

월 스미스가 주연한 〈아이, 로봇〉은 바로 이 3원칙을 적용한 영화다. 스스로 사고하고 판단할 줄 알지만 감정은 없는 '아이로봇'은 인간을 보조하는 필수품으로 날개 돋힌 듯 팔려 나간다. 어느 순간 이 원칙이 깨지면서 상황이 돌변한다. '아이로봇'들은 결국 인간에 반란을 일으켜 사람을 통제하고 지배하려는 계획까지 꾸민다. 물론 결말은 사람대표 윌 스미스가 로봇의 반란을 제압해 평화를 되찾는다는 해피엔딩으로 끝나지만 원칙이 깨진 인공지능이 인간을 어떻게 위협하는가에 대한 생생한 예시를 보여 줬다는 데서 찜찜함을 떨치기 어렵다.

기술이 진일보하고 이런저런 이해관계가 첨예하게 대립하는 현실에 마지막까지 우리가 지켜야 할 최후의 보루, 제1원칙은 무엇이어야 할까? 사람 그 자체인가? 행복인가? 가족인가? 아니면 역시나 돈인가? 무엇을 선택하느냐에 따라 삶의 궤적이 분명 달라질 것이다. 이것은 생각보다 훨씬 중요한 문제다.

기업은 어떨까? 어떤 경우라도 훼손되어서는 안 될 절대 원칙이 있기는 할까? 회사 왜 다녀라는 질문에 맥 빠진 표정으로 '돈 때문에 다니지'라는 1차원적인 답이 판을 치는 이유가 어쩌면 회사와 회사원 양자 모두 제1원칙이 처음부터 없거나 사람 그 자체가 아닌 돈, 이익이기 때문일지도 모른다.

절대로 흔들려서는 안 될 본질이자 최후의 보루. 그것을 우리는 원형이라 부른다. 그런 원형 없이 눈앞의 이득만을 좇는 것을 전형이라 부른다. 혹은 꼼수.

'싸고 좋은 중고차'는 전형적 꼼수다. 그 말에 혹해 중고차 매장에 가보면 그 즉시 알게 된다. '비싸고 안 좋은 중고차'로 덤터기 쓰기 십상이라는 사실을. 결국 중고차 시장은 사기꾼 천지라는 이미지가 각인됐다. 요 근래 대기업이 중고차 사업 진출을 선언하자 중고차 업자들은 사색이 됐지만 소비자들은 열렬히 환영했다. 꼼수와 탐욕이 낳은 자업자득이다.

한때 용산은 전자산업의 메카였다. PC, 전자기기, 게임 등에 관심 있는 사람들은 모두 그곳에 갔다. 종로의 세운상가도 유명했지만(물론 다른 분야로) 용산=전자기기였던 시절이 있었다. 지금은 어떤가? 고객 등쳐먹는 용팔이라는 이미지만 남긴 채 나락으로 떨어졌다. 명맥을 유지하고는 있지만 호황을 누렸던 때에 비하면 격세지감이다.

어떻게 하면 좋은 물건을 조금 더 많이 고객에 제공할 수 있을까? 원형을 고민하지 않고 어떻게 하면 눈을 속여서 더 비싸게 받아먹을 수 있을까? 눈앞의 전형에만 급급한 사기꾼들의 말로다.

어디 이들 뿐일까? 땅콩 회항, 대리점 갑질, 오너 일가의 일탈 등등 잊을 만 하면 들려오는 유명 기업들의 사건사고 소식은 원칙 없이 전형과 꼼수로 점철된 내부 문화의 발현임을 미루어 짐작케 한다. 결국 끼리끼리 모인다고 이런 회사일수록 일하는 이유가 오직 '돈'뿐인 전형적 개인들로 채워진다. 회사는 어떻게든 덜 주고 더 부려먹으려 혈안이고 직원들은 어떻게든 더 뽑아먹고 덜 일하려 애쓰는 대환장 파티의 향연.

개인이든 회사든 제1원칙은 첫 단추와 같다. 첫 단추가 없거나 처음부터 잘못 끼워져 있다면 생각보다 큰 문제다. 원칙이니 문화니 얕봤다가 큰코다친다. 단기적으론 어찌어찌 버틸 수 있어도 장기적으론 반드시 길을 잃게 되어 있다.

우리 회사는 제1원칙이 무엇인가? 그것이 '다니고 싶은 회사'인지 아닌지 감별해 낼 첫 번째 카드, 즉 원형이다. 원형은 세월이 흘러도 변하지 않는 근원적 믿음이다. 'AI가 사람보다 똑똑해져도 절대로 사람을 해치지 않을 것'이라는 믿음처럼 훼손되어서는 안 될 설대 가치 말이다.

적어도 여기에서만큼은 내가 한 만큼 대우를 받고 인간적 관계를 맺을 수 있고 결국 함께 성장해 나갈 수 있을 것이라는 믿음. 진짜 동기부여는 흔들림 없는 원형에 대한 확신과 공감으로부터 시작한다.

그런 믿음을 가질 수만 있다면 당장 조금 덜 받는 연봉이나 뒤처지는 네임 밸류 따위 외적 요인은 잠시 제쳐 둘 수도 있다.

정서적 몰입affective commitment은 '나 이 회사가 좋아'라는 호감으로부터 비롯된다. 꼼수로 점철된 용팔이나 중고매매상의 이미지를 가진 회사에 마음 붙일 회사원은 단언컨대 한 명도 없다.

이왕 로봇의 3원칙을 알았으니 응용해서 이런 3원칙을 세워보는 건 어떨까?

1. 인간을 인간답게 대한다.

2. 기업의 이익을 위해 일해야 한다. 단 1조에 위배되는 경우에는 제외한다.

3. 위 두 원칙을 위배하지 않는 범위 내에서 스스로를 도모하고 할 수 있는 것을 한다.

나만 알고 싶은 회사

여기 이런 회사가 있다. 모든 경쟁사가 이 회사를 주목한다. 이곳의 사람들 때문이다. 어떻게 하면 여기 직원들을 빼올 수 있을까 골몰한다. 이 회사, 내부도 묘하다. 얼마나 많은 이직 제의를 받았느냐가 개인 KPI 중 하나다. 직원들은 분기마다 이력서를 새로 써서 보란 듯 채용 앱에 올린다.

"저 이번에 다섯 군데서 제안받았습니다."

"이야 대단한데, 축하해! 올해 평가 잘 받겠는 걸?"

축하해주는 사람은 무려 회사의 오너다. 이 회사에선 단 한 번도 스카우트 제의를 받지 못한 것이 부끄러운 일이다. 그런데 정작 평균 퇴사율turn-over rate은 경쟁사의 1/10도 안 된다. 근속년수 또한 압도적으로 길다. 경쟁사뿐 아니라 이름난 대기업, 잘 나가는 스타트업들의 이직 제의가 잇따르지만 실제 성사되는 일은 드물다. 그런 속사정이 구직자들에게도 알음알음 입소문이 났다.

"여기 사람들은 대기업에서 오라고 해도 안 간대."

"그래? 처음 들어본 회산데?"

"다들 쉬쉬하는 거야. 경쟁률 높아지면 안 되니까. 나만 알고 싶은 회사랄까?"

맛있는 식사와 쾌적한 업무 환경, 염색 머리와 슬리퍼, 영어 이름을 부르며 스탠딩 미팅을 하는 열린 소통의 모습 같은 조직문화의 클리셰 없이도 '한번쯤 일해보고 싶은 회사'로 알려졌다. 구직자들은 다른 사람이 알까 봐 전전긍긍한다. '나만 알고 싶은 밴드'는 들어봤어도 '나만 알고 싶은 회사'라니?

실력은 기본, 열정적이고 뚜렷한 비전을 가진 열린 사람들이 자발적으로 모여들어 입사를 위해 줄을 선다.

내부의 빈자리는 좀처럼 생기지 않지만 채용은 끊이지 않는다. 성장이 멈추지 않아 새로운 인력이 끊임없이 필요하기 때문이다. 일의 양이 절대적으로 많지는 않지만 그 질과 밀도가 압도적으로 높고 회사와 개인 서로 끈끈한 내면으로 연결되어 있다.

좋아서 좋은 게 아니라 안 좋을 때도 좋다. '무슨 일이 있어도 함께 헤쳐 나간다'라는 교집합에 마음으로 동의했기에 위기를 맞으면 모두가 똘똘 뭉친다. 회사의 경영성과는 물론 요동치지만 장기적으로 보면 꾸준히 우상향한다. 그러다 한 번씩 퀀텀 점프가 일어나면 구성원 모두가 성취감이라는 도파민 파티를 한다.

간혹 회사를 떠나는 사람이 생기면 오너는 기쁜 마음으로 그를 배웅한다. 이곳에서 성장해 더 좋은 기회를 찾아 갈 수 있어서 양자 모두 뿌듯한 마음뿐이다. 자연히 누군가 다른 곳으로 이직하지 않을까 전전긍긍하지도 않는다. '내 사람'을 믿고 그들이 내리는 결정에는 다 이유가 있을 것이라고 생각한다.

MZ세대와 라떼 사장님이 함께 만드는 조직문화

단순한 네임 밸류, 연봉 등 외적 요인 때문이 아니라 자신의 신념, 새로운 비전, 모험과 도전을 위해 떠난다. 이들을 스카우트하려면 높은 연봉으론 어림없다. 이곳보다 훨씬 더 가치 있고 가슴 뛰는 비전과 미래를 제시해야 한다. 혹시 그 조건이 맞아 떠나는 경우에도 함께 성장해온 스토리가 있는 이 회사에 대한 애정은 여전하다.

개개인은 물론 조직의 성장까지 선순환 구조가 정착된 이런 회사, 멋지지 않은가?

이는 '사람이 중심'이라는 오너의 확고한 제1원칙으로 시작해 일의 재미, 의미, 성장에 뿌리를 둔 내부 문화를 의도적으로 만들어간 덕이다. 그리고 무엇보다 Right person을 재정의하고 처음부터 사람을 잘 뽑았기 때문이다.

사람을 잘 뽑았다고? 그럼 그렇지 고스펙의 뛰어난 인재들을 뽑았기 때문이겠지 싶다면 오산이다. 학벌, 학점, 외국어, 인턴 경험 등 판에 박힌 고스펙 소유자를 생각했다면 더더욱 잘못 짚었다.

물론 학벌을 중심으로 한 고스펙자들은 여전히 인재로 선호도가 높다. 대기업을 포함한 무수한 기업들이 앞다퉈 뽑아 왔고 그들은 기업은 물론 사회 곳곳 주요한 자리에 포진되어 일종의 카르텔을 구축하고 있지 않은가? 그 카르텔이 쉬이 무너질 공산은 크지 않다.

우리나라에서 '인재=좋은 대학 출신'의 공식은 언제나 정답이었다. 겉으로는 블라인드 채용이니 열린 채용을 표방하지만 실제 뽑힌 사람들은 고스펙자들 일색이다. 뽑고 보니 그런 걸 어떡하냐라고 하기에 여전히 좋은 학교를 나와 정해진 답을 빠른 시간에 찾는 이들이 '인재'라는 시각은 꿈쩍하지 않는다.

한때 몸담았던 대기업 S그룹은 대학의 이름 값으로 서류를 거르는 고스펙 편향 채용으로 유명했지만 전형적인 부잣집 도련님 스타일의 공부벌레들이 편중되어 다양성 결핍에 시달렸다. 최고 수준의 인재들을 싹싹 쓸어 갔음에도 새시대를 선도하거나 생태계를 창조하는 혁신을 보여주기보다는 대규모 M&A를 통해 몸집을 불리는 게 고작이었다. 그룹 내부로는 오너의 각종 추문과 탈세 논란 등 다양한 문제를 일으켰다. 고스펙 위주의 인재 정의를 버리지 못하는 한 이런 현상은 지속될 가능성이 크다.

문제는 시대가 바뀌었다는 것이다. '인간' 그 자체에 대한 관심이 커졌고 높은 감성지능에 기반한 '공감 능력'이 최고의 경영 프리미엄으로 등장했다. 공부만 잘하고 공감 능력은 1도 없는 비인간적인 엘리트들은 이곳저곳에서 그 한계를 드러내고 있다.

인간의 지능 중 오직 언어와 논리수학 지능에만 국한된 지능지수 IQIntelligence Quotient 중심의 엘리트 양성 시스템은 창의력과 공감 능력을 필요로 하는 새로운 패러다임 앞에 거센 도전을 받게 될 것이다. 스스로 문제를 찾아내고 본질을 꿰뚫는 질문을 던지는 사람이 엘리트가 되는 세상이 바야흐로 펼쳐질 것이다. 내기해도 좋다.

새로운 미래가 열렸다. 그곳은 이전에 접해보지 못한 극한 위기도 한 번도 상상해보지 못한 벅찬 미래도 모두 존재하는 곳이다. 공장에서 찍어낸 듯 천편일률적인 기성품 같은 기존의 엘리트들로는 무리다.

'내 동료가 돼라'라고 손을 내밀 사람은 스스로 동력을 만들어낼 줄 알고 저마다의 개성으로 충만한 인간다운 사람들이다. 결국 그들과 그들을 알아본 열린 경영자의 조합이 '나만 알고 싶은 회사'라는 팬덤을 만들어낸다.

처음부터
잘 뽑아야 한다

　사람을 뽑을 때 당신은 가장 먼저 무엇을 보는가? 인간성이니 됨됨이니 직무 전문성이니 빙빙 돌리지 말고 속 시원히 털어놔 보자. 스펙을 본다고. 그중에서도 다 필요 없고 '학교'를 본다고. 아닌가?

　명문대 출신 그 타이틀 하나로 수많은 것이 증명되기 때문이다. 수능을 포함한 시험이 정답 맞히기 기능 시합이라 한들, 전국 상위 1% 내외에 들어가는 일이 어디 쉬운 일인가? 초중고 정규 과정을 착실히 밟아 경쟁자들을 앞섰다는 증거 아니겠는가?

　칩 히스와 댄 히스 형제가 쓴 《스틱》에 보면 '시나트라 테스트'라는 용어가 나온다. 프랭크 시나트라의 〈라스베이거스에서 공연을 할 수 있다면〉이라는 노래로부터 생긴 개념인데 아티스트로서 라스베이거스처럼 세계에서 가장 큰 무대에 서는 일 그 자체가 역량을 검증받은 것이라는 상징성을 뜻한다. 명문대 입학과 졸업은 말하자면 이 시나트라 테스트를 통과한 셈이다.

　문제는 오직 학벌만이 판단의 전부가 된다는 점이다. 물론 고도의 성장 시대에 주어진 과제를 성실히 빠른 속도로 잘 해내는 전통적 엘리트들의 역할은 컸다. 어마어마한 양적 성장을 이뤘고 그 결과 삶의 질도 좋아졌다. 그러나 그 과정에서 축적된 각종 부작용 또한 셀 수 없다.

생산성과 효율성에 매몰되어 고속성장 그래프에 올라탄 동안 기업에 소속된 다수의 인간은 부품 취급을 받았다. 당장의 성과에 일부의 희생은 눈 감고 넘어가자는 분위기가 압도했다. 파이 먼저 키우자는 경영자들과 엘리트들의 프레임 만들기는 한동안 패러다임을 점령했다.

그동안 대다수의 비엘리트 '인간'들은 싼값에 부품으로서 기능을 하다 수명을 다하면 교체되었다. 물론 교체되는 부품의 입장은 관심이 대상이 아니었다. 최대 다수의 최대 행복이라는 거대한 사기질로 인간다움을 미뤘다.

그런 사회적 분위기는 교육 현장과도 맞닿아 있었다. 교육 시스템은 철저히 IQ 위주로 짜여졌다. 인간이 가진 여러 지능 중 오직 언어와 논리수학 지능만을 측정해왔다. 이미 누군가 발견했거나 검증한 지식을 '성실히' 습득하고 주어진 정답을 '빠르게, 잘' 맞추고 정해진 흐름에 따라 '논리적'으로 풀어내고 '이성적' 사고를 잘하는 사람들이 엘리트로 우대받는 동안 그 외의 지능들은 외면되어 왔다.

그들이 사회 곳곳에 주요 권력자로 포진하면서 살벌한 목표 중심, 차가운 숫자 위주의 이성 숭배 광기는 시대를 거듭해 이어졌다. 노골적으로 대학과 학생들을 줄 세우기 하고 상위권 소수를 제외한 다수의 중하위권을 %로 나누어 소모품 취급하기에 이르렀다.

높은 지능을 가졌지만 '인간다움'이 결여된 데다 극단적인 결과지향주의를 지향하는 엘리트들이 승승장구할 수 있는 구조가 완성되었다. 그들은 사회 곳곳에서 중요 직책에 올라 그 순환 구조를 더 공고히 했다.

일터에서 심심찮게 목격하는 인간 소외의 문제들, 예컨대 상사의 갑질, 인격모독, 따돌림 같은 문제들은 이러한 사회적 분위기를 타고 더 광범위하게 퍼져 나갔다. 그 결과 삶의 목적과 의미를 한 줌 '돈'과 맞바꾼 채 시키는 일이나 기계적으로 하면 그만이라는 '워킹 좀비'들이 대거 양산되었다.

우리의 채용 시스템은 다만 무엇을 검증하고 있는가? 출신 대학 서열 순으로 줄 세우기가 전부라면 그 외의 전형 과정은 무슨 의미가 있을까? 담당자들은 이 말이 무엇을 의미하는지 알 것이다. '학벌 외에 다른 것도 봅니다'가 새빨간 거짓이라는 사실을.

지능지수는 높지만 '인간다움'이 결여된 사람, 우리가 지금까지 고도 성장시대의 엘리트로 떠받들어 온 이들을 다른 말로 지칭한다면 무엇일까? 바로 '소시오패스'다. 소시오패스는 인구통계 상 약 4%의 비율로 우리 주변에 존재하는 것으로 알려졌다.

이들이 좋은 가정 환경에서 태어나 교육을 잘 받으면 성공한 소시오패스 즉, CEO가 되고 나쁜 가정 환경에서 태어나 방치되면 TV나 영화에 나오는 소름 끼치는 범죄자가 된다.

위치는 다르지만 본질은 같다. 타인에 대한 공감 능력이 제로에 가깝고 오직 자신의 이익을 위해 수단과 방법을 가리지 않는 '포식자'. 이들은 그럴듯한 직책에 올라 근엄한 모습을 하고 우리처럼 행동하며 그 정체를 숨겨 왔다.

오늘날 우리의 일터가 생동감이라고는 없는 워킹 좀비로 들끓게 된 이유는 허술한 채용 시스템을 뚫고 이들이 대거 들어와 착취를 일삼고 있기 때문인지도 모른다. 그런 이유로 처음부터 사람을 잘 뽑는다는 말은 어떻게 하면 이 '인간다움'이 결여된 사람들을 알아보고 거를 수 있느냐의 문제에 달렸다고 믿는다.

조상님들의 지혜에 그 답이 있다. 바로 사단(四端)이다.

1) 측은지심 : 다른 사람의 처지에서 보고 공감하는 능력이 있어야 한다.

2) 시비지심 : 무엇이 옳고 그른지에 대한 명확한 기준이 있어야 한다.

3) 수오지심 : 자신의 과오에 대해 객관적으로 돌아보고 진심으로 부끄러워할
줄 알아야 한다.

4) 사양지심 : 자신의 공을 내세우지 않고 다른 사람에 그 공을 돌리는 겸손함
이 있어야 한다.

'인간다움'은 바로 이 네 가지 가치를 갖췄을 때 발휘된다. 아무리 뛰어난
스펙을 가지고 있더라도 사단이 결여된 사람은 피해야 한다. 사람을 잘 뽑는
유일한 길이다.

이기주의자로
만들라

"운 좋게 좋은 사람들만 만나서 하루하루 즐겁고 행복했어요."

강남의 고급 양대창 전문점, 바쁘기 그지없던 모두의 젓가락질이 잠시 멈췄다. 이직으로 회사를 떠날 예정인 동료의 송별회 자리였고 말하자면 그녀의 '고별사'였다.

"운이 좋아서가 아니고 과장님이 좋은 사람이어서예요."

나는 말했다. 모두 고개를 끄덕였다. 그 말은 단 한 점의 과장도 없는 진심이었다. 같은 팀 내에서 각각 교육 파트와 조직문화 파트를 맡아 의견도 많이 나누고 서로 의지가 되었다.

공감 능력이 뛰어나고 선한 영향력을 가진 사람이었다. 타인의 잘못은 자신의 허물로 가져가고 공이 있으면 부하직원에게로 돌렸다. 일을 추진할 때는 과감하지만 물러서야 할 때는 그 타이밍을 정확히 아는 보기 드문 리더, 사단 중 사양지심에 누구보다 가까운 사람이었다.

그래서인지 더 좋은 곳으로 떠나는 것을 축하하는 마음도 있었지만 한편으로는 아쉬운 마음도 컸다. 온통 자기 보신과 정치적 끈에만 정신이 팔린

위선자들 틈에서 보기 드물게 사람 냄새 나는 괜찮은 동료를 잃은 느낌이었으니까.

여기 또 다른 동료가 있다. C과장은 늘 남 탓을 하고 내 주위에는 온통 '돌아이'밖에 없다고 길길이 날뛰는 사람이었다. 정작 자신이 주변에서 어떤 평판을 받고 있는지는 까맣게 몰랐다. 정말 몰랐는지 아니면 알면서도 모른 체했는지는 알 수 없지만, 주변에서 보기엔 그 사람 만한 '돌아이'가 없어 보였는데도 말이다.

아이러니하게도 C과장은 뛰어난 능력의 소유자였다. 회사 내에서 손꼽히는 인사제도 기획통이었다. 경영진이 원하는 결과를 곧잘 만들어냈지만 그 과정에서 규율을 어기거나 구성원 전체에 부정적 영향을 미치는 일에도 주저하지 않았다.

목표를 관철하기 위해서라면 수단과 방법을 가리지 않고 그로 인해 성과를 내는 것만이 유일한 가치인 양 행동했다. 극단적 결과지향주의자. 잘되면 제 탓, 안되면 조상 탓. 성과는 자신의 것으로 부풀리고 실패는 책임지지 않는 문제적 인간. 타인에 대한 공감 부족은 물론 성과를 독식하려는 탐욕은 끝을 몰랐다.

그는 결국 회사에 큰 손해를 끼치는 사고를 치고 야반도주 하듯 회사를 떠났다. 그러면서도 자신이 챙길 것을 꼼꼼히 살뜰히 챙겨갔다. 곧잘 만들어내는 눈앞의 성과 때문이었는지 C가 저지르는 크고 작은 반칙과 절차적 문제를 짐짓 외면해 온 경영진의 방임도 한몫했다. 그 피해는 남아 있는 사람들에게 고스란히 돌아왔다.

"저렇게 일해도 손해 보는 것 없이 챙길 것은 다 챙기는구나. 나도 대충 일해야겠다." 그의 퇴장을 보면서 누군가 읊조렸던 말이다.

연인관계에도 이런 일은 드물지 않다.

"너를 만나 내가 이렇게 불행해졌다."

"너만 안 만났으면…"

이들은 마치 관계가 일방적으로 만들어진 것처럼 갈등의 상황에서 상대방에게 모든 책임을 지우려 든다. 좋을 땐 그렇게 좋을 수 없다가 안 좋은 일에 '네 탓'으로 일관한다. 이런 경우 대개 관계는 파국으로 치닫는다.

누구나 어느 정도 이기적 성향을 가지고 태어난다. 그것은 생존을 위해 오랜 기간 진화해 온, DNA에 잠재되어 있는 본능이다. 다만 자라면서 자연스레 타인의 입장을 읽는 관점perspective taking이 생기고 극단적 이기주의가 결국 자신에게도 해가 되어 돌아온다는 진리를 사회적 학습을 통해 배우게 된다. 그렇게 인간은 이기주의에서 조금씩 벗어난다.

그럼에도 불구하고 여전히 자기밖에 모르는 극한 이기주의자가 일정 비율로 존재하게 마련이다. 이들은 애초에 타인에 대한 공감 능력이 결여된 채 태어나거나 사회적 학습능력이 현저히 낮은 사람들이다. 이들은 모든 문제에서 자신은 쏙 빠진다. 회사 탓, 제도 탓, 동료 탓으로 돌리고 도무지 자신의 책임도 있음을 인정할 줄 모른다.

채용 과정은 우수한 능력을 가진 right person을 선별하는 과정이지만 또한 애초에 썩은 사과를 걸러내는 최후의 보루이기도 하다. 이들을 제대로 걸러낼 수 있다면 다행이지만 단기 검증에 불과한 면접 과정은 그 특성상 사각지대를 피할 수 없다.

그렇게 들어온 썩은 사과늘은 보이시 않게 야금야금 조직을 망가트린다.

아예 눈에 띈다면 다행이지만 문제는 이들이 연기의 달인이라는 데 있다. 사실은 공감하지 않으면서 고개를 끄덕이고 미안하지 않으면서 사과를 한다. 진짜 정체를 숨기고 먹잇감이 나타나면 언제든 사냥하겠다는 생각으로 서늘한 안광을 발사한다.

이들을 어떻게 가려낼 수 있을까? 이때 필요한 것이 바로 이기주의다. 利가 아닌 以다. 모든 것이 나로부터 비롯된다는 의미에서의 이기주의다. 이는 사단의 사양지심을 근본으로 한다. 사장부터 말단 직원까지 以기주의자가 되기로 천명하고 실제 그렇게 생각하고 행동하는 것이다.

뚜렷한 성과에도 자신을 돋보이게 할 수 없고 실패는 자신에게 돌리는 풍토가 만들어졌다면, 그들은 결코 그 변화를 견뎌낼 수 없다. 그들의 사냥법이 만천하에 공개된 이상, 그들은 어느 날 소리 소문 없이 다른 사냥터로 자리를 옮길지도 모른다.

以기주의는 썩은 사과에 발을 달아주는 마법의 묘약이다.

목적과 목표는
다른 이야기다

"네 꿈은 뭐야?"

북유럽 국가 아이들에게 물었다. 비를 내려주는 구름, 세계를 자유롭게 다니는 바람, 늘 따뜻하게 해주는 태양, 아픈 사람을 돕는 사람, 악당을 쳐부수고 지구를 구하는 사람이 되고 싶다고 했다.

동아시아의 대한민국 아이들은 조금 달랐다. 의사요, 변호사요, 검사요, 선생님이요, 과학자요, 대통령이요. 백이면 백 직업을 꿈으로 말했다. 이유는 잘 묻지도 않지만 혹시 누군가 묻더라도 당연한 걸 왜 묻냐고 한다. 표면적으로는 '아픈 사람을 고쳐주고 싶어서'일 수도 있지만 그 안에는 다양한 이유들이 숨어 있다. 멋있어 보여서일 수도 있고 부모가 원해서일 수도 있다. 빠르게 현실에 눈뜬 아이는 부자가 되고 싶어서라고도 한다.

목표부터 정해 놓고 그 다음 목적을 찾는 일이 우리에겐 낯설지 않았다. 아니 익숙하다. 명사로 정해진 목표를 이루기 위해 학원에 가고 과외를 받고 옆 친구를 밟고 올라서는 데 바빠 자신을 돌아볼 시간이 없었기 때문이다. 혹여 그런 시간을 가져볼라 치면 한가한 타령으로 시간 낭비 말라는 핀잔부터 나온다. 자연히 성인이 되어도 우리는 왜 존재하는가, 왜 일하는가라는 본원적 물음에 선뜻 답하지 못한다.

치열하게 공부해서 좋은 성적을 받고 대학에 들어가면 또 다른 목표가 생긴다. 취업이다. 물론 졸업까지 시간을 벌었지만 졸업을 앞둔 선배들의 취업난을 지켜보면 놀아도 노는 것 같지가 않다.

남들은 어떻게 하나 지켜본다. 토익 공부를 하고, 어학 연수를 가고, 학점을 관리하고, 방학을 이용해 인턴십에 지원한다. 분명 취향도 성격도 장점도 약점도 서로 다른 고유한 주체였는데 어느 순간 마치 공장에서 양산된 기성품처럼 몇 가지 공통의 스펙으로 재단되어 줄 세워진다. 100여 군데 원서를 넣고 다섯 군데 면접을 봤다. 그중 한 회사에 '마침내' 합격 통보를 받았다.

어렵게 취업이라는 목표를 달성하고 회사에 들어와 보니 끝이 아니라 또 다른 시작이다. 딱딱한 명사형 목표는 이제 차가운 숫자로 바뀐다. 오직 측정 가능한 데이터만이 가치 있는 목표로 추종된다. 이 일을 왜 해야 하는지 본질적 질문이나 과정이 정당한가 따위 뒷전이고, 빠른 속도로 목표만 달성하면 그뿐이다. 오직 숫자를 달성했느냐 못했느냐로 존재의 가치가 판단된다.

"올해 우리 회사의 목표는 매출액 1000억 달성입니다."

"우리 본부의 목표는 전체 인원수 대비 10% 감축입니다."

"교육팀의 목표는 신규 과정 10개 개발 및 사내 강사 양성 10명입니다."

어찌어찌 목표한 숫자를 달성하면 그 해는 무사히 넘어간다. 운 좋게 연말 인센티브(그나마 일부 대기업의 이야기일 뿐 대다수는 그마저도 없지만)라도 받으면 한 두어 달은 든든하고 기분 좋다가 이내 무덤덤해진다.

다시 같은 일의 반복이다. 연차가 올라갈수록 숫자가 다가 아니라는 진실을 접한다. 원래부터 없었던 꿈, 사명, 성취감 따위 달달한 것들은 행불 상태고 힘 있는 윗선에 잘 보여 '가늘고 길게' 살아남는 게 최종 목표가 된 지 오래다.

한 주를 버티게 하는 희망은 주말뿐이다. 퇴근 후 마음 맞는 사람들과 갖는 술자리는 숨통을 트이게 한다. 소주 3 맥주 7을 섞은 폭탄주를 들이키며 '김 과장 이 xxx' '마지 못해 사는 거지' 따위 욕설과 푸념을 늘어놓으며 스트레스를 푼다. 아침이 되고 숙취 속에 톱니바퀴처럼 또 일상이 돌아간다.

어릴 적 꿈이 의사, 판사, 검사, 선생님, 과학자라는 명사형 직업으로 변질되었을 때 벌써 예견된 결과일지도 모른다. 어떤 존재가 되고 싶은지 생각만 해도 가슴 벅찬 궁극의 목적은 없고 무엇이 되어야 돈을 많이 벌까 같은 차갑고 딱딱한 목표만 쳐다보도록 강요당한 나, 그 '나'들이 모인 회사는 어떤 가슴 뛰는 미래를 만들어낼 수 있을까?

연말, 모든 회사는 다음해의 계획을 세운다. KPI를 설정하고 MBO를 관리한다. 보통 기획부서나 인사팀 주관이지만 과정이 의미있게 진행되는 경우는 드물다. 주관 부서는 마치 당장 내일까지 풀어야 하는 숙제처럼 각 팀에 숫자 중심의 전사 목표를 던지고 그에 연결된 목표들을 제출할 것을 '명'한다. 목적이 명시되지만 별 고민 없이 쓰여진 '겨울에 눈 내리는 소리'나 다름없다. 중요한 건 전년 실적 대비 플러스 몇 %의 숫자를 적어내느냐 뿐이다. 뚝딱 해치워 버리고 얼른 그 숫자를 채워야 한다는 강박에 싸일 뿐이다.

이런 과정에서 어떤 재미와 의미를 느낄 수 있을까? 그저 기계적으로 해오는 일의 숫자에 도달한들 어떤 성취감이 있고 실패한들 무슨 아쉬움이 있을까?

연말연초 신년 계획은 존재의 이유, 목적을 찾아내고 저마다의 의미와 가슴 뛰는 희망으로 충만한 축제가 되어야 한다. 시간과 돈과 노력을 들여야 한다면 바로 이 과정에 들이는 것이 좋겠다. 하루 혹은 이틀 제대로 날 잡고 우리가 도달하고자 하는 목적지가 어딘지, 지금 현재 어느 정도 와 있는지를 허심탄회하게 나누고 갑론을박 하는 생동감 넘치는 시간이 되어야 한다.

모두가 합의한 그곳에 도달하려면 어떤 구체적 목표를 세워야 하고, 어떤 지원이 필요하고, 어떤 방해물이 놓였는지 날카롭게 논의할 수 있어야 한다. 그 과정은 오롯이 모두의 목소리여야 하며 철저히 교감하고 합의되어야 한다.

목적이 앞서야 목표의 우선 순위가 보인다. 모든 것을 다 할 수도 없고 다해서도 안 된다. 이것도 해야 하고 저것도 해야 하고 무엇이 우선순위인지 모르는 삭막한 과제들의 나열은 우리를 벼랑으로 몰아넣는다.

이 목표를 달성하면 목적에 얼마나 가까워지는가? 그 관점에서 목표 관리를 해야 한다. 일 자체의 의미감에서 생기는 도덕적 몰입moral commitment은 이런 과정에서 생긴다. 리더십 전문가 이창준은 "연구결과에 의하면 목적을 기반으로 한 기업들은 그렇지 않은 기업들에 비해 3배 이상의 시장점유율과 성장률을 보여주었습니다"라고 말했다.

학자들의 연구 결과를 굳이 가져오지 않더라도 단기 목표에 매몰되어 전전긍긍하는 회사의 미래가 그리 밝지 않다는 증거는 여기저기 넘친다.

그냥 내버려둬라

아예 규칙이 없다는 회사가 있다. 넷플릭스netflix 다. 워낙에 유명한 기업이지만 최근 우리 콘텐츠 〈오징어 게임〉으로 전 세계적인 초대박을 치고 더 유명해졌다. 한때 미국을 장악했던 블록버스터라는 거대 기업을 제치고 콘텐츠 스트리밍 서비스로 엔터테인먼트 업계 최강자로 우뚝 섰다.

이 기업의 창업자 리드 헤이스팅스의 말에 따르면 직원들이 몇 시간을 일해야 하는지 정해 놓은 규정도 없으며 휴가 규정도 없다. 일하고 싶은 만큼 일하고 휴가는 떠나고 싶은 만큼 떠나면 된다. 왜 그만큼 일하는지 근거와 성과만 명확하면 된다.

심지어 출장과 경비 지침마저 없다. 그저 '넷플릭스에 가장 이득이 되게 행동하라' 이 다섯 마디가 전부다.

한 가지 함정은 있다. 아예 처음부터 검증된 최고의 인재만 뽑는다는 사실이다. 그럭저럭 잘하는 정도가 아니라 각 분야 최고 수준의 인재를 최고의 대우로 뽑고 유지한다. 이를 '인재 밀도'라고 부른다. 넷플릭스는 인재 밀도를 최고 수준으로 유지하는 데 모든 역량을 집중한다.

애초에 최고의 인재들만을 엄선해 상상을 초월하는 대우를 해주고 "회사에 이익이 된다면 마음대로 해!"라며 자율성이라는 궁극의 무기까지 쥐여주었는데 과연 무엇이 더 필요할까?

리드 헤이스팅스는 그저 성선설, Y이론에 입각한 마음씨 좋은 천사표 경영자인 것일까? 오히려 그는 영악한 진짜 장사꾼인지도 모른다. 어떻게 하면 비싼 돈 들여 뽑은 최고의 인재들이 스스로 움직여 역량 그 이상의 것을 해낼 수 있을까? 아니 뽑아 먹을 수 있을까?를 한 차원 더 높은 수준으로 고민한 결과인 것이다.

이런 내부 분위기라면 기대에 미치지 못한 사람에게는 공정하고 투명하고 솔직한 내부 피드백이란 명분으로 '당당히' 나가 주세요 라고 사직서를 들이밀 것이다.

사실 규칙 없음이란 규칙은 고어텍스로 유명한 고어Gore 사가 원조다. 1958년 세워진 고어 사는 창업자인 빌 고어의 영향으로 처음부터 자율성에 기반한 기업으로 운영됐다. 고어사는 직급, 직책, 명령, 큰 조직이 없다. 직원들을 그저 associate이라고 부른다. 조직도 200명이 넘어가면 새로운 조직으로 분리시켜 운영한다.

직책, 직급이 없는 대신 신입사원에게는 스폰서라는 멘토가 따라붙는다. 팀장 등 공식 직책은 없지만 리더라는 호칭은 존재하는데 그 역시 동료들이 자발적으로 존경하는 선배에게 붙여주는 명예에 가깝다. 그렇다면 조직이 어떻게 돌아간다는 거냐? 싫겠지만 여전히 잘 돌아가고 매년 성장을 거듭한다. 일하기 좋은 직장 순위에도 매년 오른다.

우리나라에도 마이다스 IT라는 곳에서 4무(無) 정책을 시행하는 것으로 알려졌다. 무스펙, 무징벌, 무상평, 무정년의 네 가지가 대표적이고 더 놀라운 것은 정해진 티오도 예산도 없다는 사실이다. 그런데도 회사는 잘만 돌아간다. 타 기업의 선도 사례가 되어 여기저기 불려 다닌다.

현대의 동기부여 이론은 이들의 파격을 이론적으로 뒷받침한다.

특히 자기결정성 이론은 내재적으로 보상(보람 등)되어 왔던 행동에 대해 외재적 보상이 개입할 경우, 그 보상이 자신에 대한 통제로 인식될 경우 전반적 동기부여 수준이 하락할 수 있음을 지적한다.

자기 행동에 대한 통제력을 갖고 있다고 느낄 때 비로소 자신의 일에 자율적이고 지속적인 동기를 스스로 부여할 수 있는 것이다. 통제력을 상실하고 의무감이 대체할 경우 일에 흥미를 잃는다.

인간은 중요한 일을 수행할 때 스스로의 인지와 책임 속에 성과와 능력을 정당하게 평가받아야 하고, 자신이 원하는 일을 원하는 방식과 일정대로 일할 수 있는 완전한 자유를 원한다.

이제 우리 현실을 한번 돌아보자. 우리는 학창시절부터 직장생활에 이르기까지 자율적으로 무언가를 실행하고 책임지는 경험보다는 누군가 지시한 일을 수동적으로 실수 없이 처리하는 데 더 익숙했다.

그런데 난데없이 자율성이라니? 괜찮을까? 게다가 우리는 물론 넷플릭스가 아니다. 업계 최고 수준의 인재 밀도도 갖추지 못했다. 생각해보니 언제 한번 자율을 줘본 적도 없다. 책임은 잔뜩 지웠지만 권한이나 자유를 그만큼 보장한 적이 있었던가? 역시나 아니다.

그런데 세상이 바뀌었다. 더 이상 근면, 성실을 기반으로 하는 효율성과 생산성의 시대가 아니다. 지식 생산 기반 사회로 본격 진입했고 시장은 변했다. 더 이상 통제와 감시로 인력을 갈아 넣어 만들어낸 서비스와 상품이 통하지 않는 시대가 되었다.

다시, 인간성 회복을 거론할 때 가장 중요한 가치가 무엇인가? 두말할 필요도 없이 자율이다. 그 자율을 기반으로 할 때 인간의 고유성은 다시 살아나고 다양성과 유연성을 회복해 창의적 가치를 생산해낼 수 있다.

자율(자유)와 책임은 동전의 이면이다. 서로 밀접한 관계다. 책임을 지우려면 자율(자유)을 부여해야 한다. 반대로 자율이 늘어날수록 져야 할 책임도 늘어난다. 어쩌면 우리가 당면한 자율성 보장의 문제에 대한 답을 여기서 찾을 수 있을지 모른다.

회사와 리더는 넘어서는 안 되는 선과 지켜야 할 한계점에 대한 선을 명확히 제시하면 된다. 그 안에서 자신이 책임질 일의 종류와 범위와 속도 그리고 그 결과의 수준에 대해 설정할 수 있도록 자율권을 부여하면 그만이다.

그 놀이터 안에서 마음껏 자신을 꾀할 수 있도록 기회를 부여해주는 일이 먼저다. 그 다음은 진정성과 인내심을 가지고 관찰하되 판단하고 지적하고 평가하는 일이 아닌 사실에 기반한 피드백을 위한 정기적인 개입의 시기를 함께 정하고 이행하면 된다. 단지 그뿐이다.

일이 재밌으면
왜 안 돼?

예능인 서장훈은 강연에서 이렇게 말했다.

"즐기면서 하는 거라고요? 그거 다 뻥이에요. 저는 농구를 한 번도 즐기면서 한 적이 없습니다."

그 말을 들으며 퍼뜩 이런 생각이 들었다.

'그건 형 사정이고.'

물론 그 발언의 취지에 대해서는 충분히 공감할 부분이 있다. 어떤 분야에서 그럭저럭 잘하는 정도가 아닌 명실상부 '최고'가 되고 싶다면 즐기기만 해선 어림없다는 뜻일 테니 말이다. 아예 범접하지 못할 재능을 타고났거나 누구도 흉내내지 못할 지독한 노력이 없다면 그의 말대로 어떤 분야에서 최고가 되기란 불가능에 가깝다.

그러나 세상 모든 사람들이 국내 최고, 혹은 세계 최고를 위해 도전하는 삶을 살 수도 없는 노릇이고 그런 일이 현실화될 가능성도 없다. 정작 그렇게 말하는 서장훈 또한 농구라는 분야에서 국내 최고에 올랐을지는 몰라도 세계 최고와는 기리기 있지 않았는가? NBA 말이다.

차원이 다르지 않냐라기엔 야구나 축구, 수영, 피겨 등 여타 스포츠에서는 세계 최고의 선수들이 종종 배출되지 않았는가? 당장 리그 랭킹 1위에 빛나는 EPLEnglish Premier League에서 아시아인 최초 득점왕에 오른 손흥민도 있지 않은가? 농구처럼 신체 조건이 압도적인 종목과는 비교가 불가하다면, 최근 세계 랭킹 1위에 오른 남자 높이뛰기의 우상혁은 어떻게 설명할 텐가?

일은 분명 재미있어야 하고 무엇보다 적성에 맞아야 한다. 일은 원래부터 재미없는 것, 회사는 동아리가 아니다 라고 치부하기엔 어쩐지 뒷맛이 씁쓸하다. 그래도 이왕이면 나에게 조금이라도 흥미 있는 일을 찾아서 할 수 있다면 좋지 않을까?

원래부터 숫자가 싫고 무언가를 상상하거나 이야기를 만들어내는 것이 좋은 사람이라면 아무래도 이과보다는 문과 체질이다. 이런 사람에게 숫자를 다루는 일, 예컨대 급여 작업을 실수 없이 해야 한다거나 회사의 입출금을 빈틈없이 관리해야 하는 일을 주면 그건 지옥이 따로 없다.

글이나 만화처럼 말랑말랑한 스토리를 만드는 일이 즐거운 사람이라면 감성적인 일에 더 맞다. 사람의 마음을 들여다보고 패턴을 찾아내어 움직이는 일, 조직문화 업무를 그들에게 맡기면 척척 해낼 가능성이 높다.

앉아서 문서를 작성하는 일은 좀이 쑤시고 도무지 집중하지 못하는 사람들이 있다. 사람들을 만나고 관계를 맺고 그 즉시 결과를 만들어 내는 일이 즐거운 사람은 당연히 사람을 만나는 일을 해야 한다. 영업이 어울린다.

헤도니즘Hedonism은 쾌락을 인간이 추구하는 최고선의 가치라고 주장하는 철학(학파)인데 이들은 쾌락과 행복을 동일시하며, 쾌락 그 자체를 인간

행위의 목적으로 여긴다. 요한 하위징아 Johan Huizinga (1872~1945)가 놀이
하는 인간이라는 의미의 '호모 루덴스 Homo Ludens'라고 칭했듯 인간은 애
초에 그렇게 태어났다.

재미없고 흥미 없는 일에는 관심도 없다. 동력도 덜 생긴다. 인간의 동기
를 연구한 무수한 학자, 경영자들이 입을 모아 말한다. 일 자체가 즐겁고 적
성에 맞으면 내적 동력으로 몰입할 수 있고 좌절에도 쉽게 회복할 수 있으며
마침내 성장의 길에 이를 수 있다고.

프레드릭 허츠버그 Frederick Herzberg (1923~2000)는 '2 factor theory'
에서 실제 사람을 자율적으로 움직이게 하는 '동기 요인'이 바로 그 일 자체
에 대한 흥미와 성취에서 기인한다는 점을 콕 찍어 지적한다.

많은 현대 직장인들이 일을 숙제하듯 처리하기 급급하고, 근무시간이 끝
나기만을 기다리고, 오직 주말만이 유일한 즐거움이 된 이유는 적성에 맞지
도 않는 강제된 일을 억지로 하고 있을 가능성 때문이다. 일이 즐거우면 그
자체로 동력이 되고 보상이 된다.

채용 시점부터 일의 적성을 세세하게 파악하고 그 결과에 기반해 일을
맡기고 있는가? 혹 일의 적성이나 스타일보다는 겉으로 보이는 첫인상이나
사적 호불호에 의해 팀원을 받고 떠나 보내고 있지는 않는가?

이런 일이 가능한 이유는 조직 내 기능이 매우 초보적 수준의 전문성을
가지고 있기 때문이다. 아무에게나 맡겨도 시간만 지나면 습득이 가능한 숙
련 수준의 전문성에 벗어나고 있지 못하다는 증거와 같다.

오늘날 수많은 직장인들이 영혼을 잃고 주어진 일만 수동적으로 처리
하는 워킹 좀비가 된 이유다. 성말로 회사가 동호회가 아니라면 엄격히 공적

능력과 사적 호감을 구분해 사람을 배치할 수 있어야 한다. 물론 사람의 일이기에 관계 중심을 외면할 수는 없지만, 이 일 저 일 다 할 수 있는 사람은 인재가 아니다.

제너럴리스트는 직업이 아니다. 전문성과도 관련이 없다.

조직문화는 모든 개인의 일을 들여다보고 어떻게 하면 그들의 적성과 재미에 맞는 일을 찾아 안겨줄 수 있을까를 고민하는 일을 포함한다.

회사의 배경을 떼고 맨몸으로 홀로 설 수 있도록 지원하고 돕는 일이다. 그 선순환 과정에서 개인과 조직이 함께 성장할 수 있다. 당연히 그 처음은 자신의 적성, 일의 재미로 시작해야 한다.

서장훈이 말한 수준의 국내 최고는 어렵겠지만 재미와 적성으로 시작한 프로페셔널이 많아질수록 회사 조직도 함께 세진다. 그러려면 할 일이 많다.

회사원은
직업이 아니다

결선을 앞두고 열심히 준비운동을 하고 있는 한 운동선수에게 물었다.

"무슨 생각하면서 운동하세요?"

"무슨 생각을 해? 그냥 하는 거지."

열심히 일하고 있는 한 회사원에게 물었다.

"무슨 생각하면서 일하세요?"

"무슨 생각을 해? 그냥 하는 거지."

전자는 '올림픽 금메달'이라는 최고의 목표를 정해 놓고 차근차근 달성해 가는 피겨 여왕 김연아의 스토리고 후자는 목적도 영혼도 없이 주어진 일을 수동적으로 쳐내기 바쁜 직장인의 스토리다.

분명 액면은 같지만 그 안에 담긴 의미는 천지 차이다. 그 무게는 비교할 수조차 없다.

브라이언 트레이시는 "지금까지 살면서 얻은 최고의 직업을 묘사하라는 설문 조사에서 가장 많이 나온 대답 중 한 가지는 '내가 무엇을 해야 하는지 항상 정확하게 알고 있다'"라고 말했는데 이는 자신의 분야에서의 자기 역할이 무엇인지 알 때 진정한 성취감을 느낀다는 의미일 것이다.

회사원은 직업인가? 아닌가? 뭔가 모호하다. 우선 분야field가 광범위하다. 운동선수를 예로 들어보자. 전문분야는 없고 야구 조금, 축구 조금, 골프 조금 등 다양한 분야를 조금씩 할 수 있는 수준인 것과 같다.

분야가 특정되지 않으니 전문성 그 자체는 뒷전이 되기 십상이다. 어느 순간부터 '내가 왜 이 일을 하는지' 의미를 찾고 일의 깊이를 고민하기보다는 사내정치, 술자리 따위 부가적 일들에 더 관심을 쏟고 실제 거취에도 큰 영향을 미친다.

회사원 타이틀의 비극은 여기에서 비롯된다. 일은 과거를 답습하면 되는 수준에 머물고 혁신과 도전은 딴 세상 이야기가 된다. 일에 의미를 부여해 능동적으로 움직이려는 사람은 오히려 바보가 된다.

HRD 리더를 맡았을 때의 일이다. 팀원들은 'HRD=교육'이라는 고정관념에 젖어 있었다. '구성원들의 역량을 향상시키는 사람'이라는 나름의 역할 의식을 가지고 있었지만 그저 기능적으로 커리큘럼을 짜고 콘텐츠를 잘 전달하는 일만 충실하면 된다고 믿고 있었다.

재미도 의미도 의욕도 느끼지 못하고 무덤덤하게 한 해의 교육 커리큘럼을 짜던 어느 날 문득 '나는 대체 여기서 뭘 하는 걸까'라는 의문이 들었다. 회사의 필요에 따라 누군가를 교육시켜야 한다는 당위성 외에 아무런 동력도 없이 그저 바쁘고 귀찮다는 현장 사람들을 끌어다 '이거 좋은 거예요 한 번 들어보세요'라는 정도로 해마다의 일을 반복하고 있던 것은 아닐까?

어떤 분야에서도 전문성을 가지지 못한 채 이런저런 외부의 트렌드를 좇아 담당자 스스로도 뭔지 잘 모르면서 콘텐츠, 커리큘럼을 구성하고 '이것 좀 들어봐, 필요할지도 몰라'라는 쓸데없는 일을 반복해 온 것은 아닐까?

그런 고민으로 마음이 무겁던 중 우연히 채널을 돌리다 멈춘 홈쇼핑에서 불꽃이 튀었다.

"고객님, 이건 제가 우리 MD와 함께 직접 신어보고 우리 엄마도 사드리고 여기저기 추천하고 다녔던 제품이에요. 자신 있게 여러분께 권해드립니다."

MD 그리고 쇼호스트라는 직업. 홈쇼핑에서 상품, 즉 콘텐츠를 구성하고 판매하는 전문가.

자신의 이름을 걸고 어떤 상품을 판매하기 앞서 그 상품을 직접 접해보고 뜯어보고 신어 보고 부서도 보고 구겨도 보고 갖은 실험을 다 해본 후 '아 이 정도면 누구에게 팔릴 것 같다!'는 판단을 내렸을 그 과정은 일을 왜 하는지에 대한 의미로 가득 차 있었다.

물론 과장이나 허위를 섞을 수도 있을 수 있겠지만 혹여 문제가 생기더라도 담당자인 내가 책임지겠다는 각오로 자신의 이름과 얼굴을 내걸고 사람들 앞에 서는 그 모습은 분명한 '의미감'이었다.

그렇게 자신이 선택한 상품을 완판 했을 때 그들이 느낀 기분은 무엇이었을까? 나는 그저 일개 L, H, G 홈쇼핑의 직원이고 회사원일 뿐이라고 생각할까?

여기에 착안해 팀원들의 역할을 새롭게 부여하기로 했다. MDMaterial Designer라는 새로운 개념의 역할을 만들어 이름을 붙이고 회사의 주요 역량 분야인 IT 분야 리더십 분야 서비스 마인드 영역에 각자의 강점과 매칭했다.

회의를 소집해 취지를 설명하고 구체적인 청사진을 만들어 보여주었다. 자신이 맡은 분야에 관한한 준전문가 수준으로 먼저 연구해서 어떤 콘텐츠가 누구에게 왜 필요한지 스스로 질문을 던지고 답을 찾게 한다는 역할론에 매너리즘에 빠졌던 팀원들의 눈이 반짝였다.

왜 이걸 해야 하는지에 대한 공감이 생기자 스스로 움직이기 시작했다. 단순히 교육 담당자가 아닌 회사 내에 필요한 각 영역의 준전문가 수준으로 변모한 후 커리큘럼을 속속들이 파악해 능동적 프로그램을 만들어 제안하는 전문 컨설턴트로서의 역할이 눈앞에 그려졌다.

그 실험은 팀이 해체되고 멤버들이 뿔뿔이 흩어지며 계획에 그쳤지만 어떻게 하면 일의 의미를 심어줄 수 있을까? 라는 고민에 비교적 선명한 힌트를 줬다.

우선 자신이 몸담을 영역이 어디인지 확실하게 찾아야 한다. 그곳에서 최종적으로 도달할 끝그림은 무엇인지 시각적으로 그리고 초고도로 집중해 '그냥 하는 거지 뭐'라고 답할 수 있다면 세계 최고의 피겨 여왕까지는 어렵더라도 그 분야의 저명한 전문가는 될 수 있지 않을까?

회사원은 직업이 아니다.

10

명함 값 말고
이름 값

센(千)의 원래 이름은 치히로(千尋)였다. 마녀 유바바는 온천장에서 일하게 해달라는 치히로의 요청에 계약서를 쓰면서 원래 이름인 치히로를 빼앗고 센으로 부른다. 계약서 상 센은 명백한 을로 명시된다. 이후 여느 일꾼들과 똑같은 작업복을 입고 같은 방에서 공동으로 생활하며 허드렛일을 하는 집단의 일원이 된다. 어느 날 숨은 조력자 하쿠는 그녀를 불러내 당부한다.

"유바바는 누구든 이름을 빼앗아서 지배해. 센인 척하고 진짜 이름은 숨겨"라고 말하며 치히로라는 원래의 이름이 적힌 종이를 건넨다. 이름을 잊지 말라는 의미다. 미야자키 하야오의 명작 애니메이션 〈센과 치히로의 행방불명〉의 장면들이다. 계약서를 작성하며 원래의 이름을 빼앗는다는 설정은 의미심장하다. 고유성과 주체성을 잃은 채 기업이라는 거대한 집단의 부품취급을 받으며 똑같은 일을 반복하는 현대 직장인들이 떠오르기 때문이다.

"네 이름을 소중히 해야 한다"는 제니바(유바바의 쌍둥이 언니)의 센을 향한 대사 또한 인간으로서 고유한 주체성을 놓지 말아야 한다 메시지를 선명히 한다.

이 장면들을 통해 몇 가지 질문이 꼬리를 물고 이어졌다. 나는 일터에서 내 이름을 오롯이 지키며 일하고 있을까? 누군가에게 나를 소개할 때 내 이름 하나로 나를 설명할 수 있을까? 라는 본질적 질문은 이 상태로 이 회사를 나간다면 어떻게 될까? 현재의 경력과 전문성을 살려 동일 분야에서 경력을 다시 이어갈 수 있을까? 라는 현실적 질문으로 이어졌다.

회사라는 배경을 벗고 홀로 섰을 때 나를 설명할 길이 막막하다면 센처럼 자신의 이름을 잃은 것이다. 고유성과 주체성을 잃고 거대한 기계 속 하나의 부품으로 살아온 탓이다.

문제는 그 부품의 수명이다. 어찌어찌 운이 좋아 가늘고 길게 살아 남는다 해도 임원으로 승진하는 기적 같은 경우(확률로 보면 1%나 될까?)를 제외하면 대략 50대 중반, 길어야 60대 초반이 한계다.

8, 90세에 이르는 현대사회의 평균 기대수명을 감안하면, 50대의 퇴직은 인생의 절반을 조금 넘는 시점에서 커리어를 중단하게 된다는 의미다. 물론 뛰어난 스펙을 가졌고 이름난 대기업 출신이라면 비교적 손쉽게 대안을 찾을 수도 있다. 스펙과 기업의 이름 값에 껌뻑 죽는 사회성을 감안하면 아무래도 기회가 더 많을 테니 말이다.

그렇지만 기회가 더 많다고 해서 보장이 된다는 말은 아니다. 현실은 생각보다 더 춥고 냉혹하다. 그동안 나를 설명하고 지탱해주던 것이 나 자신의 이름 값 때문이었는지 아니면 회사의 명함 값 때문이었는지 대번 그 온도 차이를 느끼게 된다.

더 이상 S그룹의 L차장, H그룹의 K과장이 아닌 이름 석자로 승부를 봐야 하는 정글에 서 있으면 얼마나 스스로가 하찮은 존재인지 절감하게 된다. 과거의 이력은 훌륭한 참고 사항이 되지만 그 자체로 그 사람의 실력을 입증하는 근거가 되지는 못한다.

내 분야가 뭔지 딱히 정해지지 않은 채, 이 업무 찔끔, 저 업무 찔끔 그렇게 이도 저도 아닌 경력이 10년 20년 쌓여본들, 그 시간이 오롯이 나의 전문성을 증명할 증거가 될 수는 없다. 회사원이라는 직업은 어디에도 없다는 사실만 절감하게 된다.

정확히 내 분야라고 말할 필드도 없는데 내 역량이 어떤 레벨인지는 어떻게 알 수 있을까? 인사팀 3년, 기획팀 4년, 영업팀 5년, 총무팀 3년을 거쳤다고 가정해보자. 총 근속연수는 15년이지만 이 사람은 어느 분야의 전문가인가?

운이 좋아 큰 이동 없이 유사한 영역 한 분야에서만 했어도 큰 차이는 없다. 예컨대, 인사, 교육, 조직문화 등 HR군, 마케팅, PR, 상품 기획 등 마케팅 군 등 한 분야에서만 커리어를 쌓아왔다면 자신의 분야가 있다고 말할 수 있지만 딱히 전문가 수준의 깊이를 갖췄다고 볼 근거도 없다.

그저 상사의 ok를 받을 정도면 되는 수준의 내부에서 통용되는 정도의 역량만으로도 충분했기 때문이다. 어떤 분야든 회사 내부를 벗어나 외부의 진짜 전문가들과 자웅을 겨뤄볼 기회가 없었다면, 집안 똑똑이에 그칠 가능성은 매우 높다. 시간이 지나면 누구나 이를 수 있는 숙련 수준에서 멈추는 이유다.

더 높은 위치로 올라갈수록 직무 그 자체의 역량과 자질보다는 누구와 친한가? 누구의 사람인가? 사내 정치에 더 많은 영향을 받게 된다. 아예 실무에 손을 놓고 보고서 작성 스킬마저 퇴화해버린 부장들도 수두룩한 현실이 그 증거다.

어떤 한 분야의 구루가 될 정도로 성장하는 일은 고사하고 자신의 분야가 뭔지도 모른 채 성장이 멈춘 직장인 난쟁이들이 수두룩하다. 그렇게 배경을 벗고 세상을 나와본들 뾰족한 무기 하나 없이 벌거벗은 초라한 자신을 바라보게 될 뿐이다.

물론 개중에는 자신의 분야를 특정하고 전문가가 되겠다며 대학원에 진학하는 등 노력하는 사람들도 있지만 개인의 의지만으로는 한계가 있다. 회사가 이들을 적극 발굴하고 성장할 수 있도록 시스템을 만들어 동력을 제공하고 베스트 사례를 꾸준히 만들어내야 한다. 그 분야의 스타를 만들어낼 수 있다면 최선이다.

회사가 학교냐고? 왜 아닌가? 할 수만 있다면 회사를 학교로 만들어야 한다. 성장이 빠진 성과는 결국 도돌이표가 된다. 단지 운이 좋았을 뿐, 그 과정에서 배운 게 없다면 성과를 냈더라도 결국 제자리로 돌아오게 마련이다.

밑도 끝도 없이 자기계발을 하라며 실현 가능성도 없는 립 서비스만 할 게 아니라 회사의 핵심 기능을 중심으로 분야를 명확히 지정하고 밖에서도 통할 수 있는 전문성을 의도적으로 길러야 한다. 회사는 반 학교가 되어야 한다. 회사의 명함 값에 기대지 않고 자신의 이름 값으로 우뚝 설 수 있도록 회사가 도와야 한다.

직무를 통해 성장할 수 있도록 성장을 위한 인풋(시간, 비용)을 아끼지 않아야 한다. 경쟁사에서 스카우트를 위해 주목하고 한 번쯤 일해보고 싶은 회사, 나만 알고 싶은 회사로 입소문이 나는 일은 바로 그렇게 성장한 내부의 거인들을 통해서다.

MZ세대와 라떼 사장님이 함께 만드는 조직문화

11

피드백을 피드백하라

팀장의 호출을 받은 K대리는 감이 왔다. 회의실 문을 열고 들어가자 팀장이 덤덤한 얼굴로 자리를 권한다. 어색하게 마주 앉은 두 사람. 팀장은 탁자 위에 종이 한 장을 슥 내민다. 연말 평가표다. K대리는 가장 먼저 종합등급을 살폈다. A. KPI중심의 성과 등급은 S, 역량 등급은 A이다.

S~D까지 총 5단계 중 두 번째 등급을 받았지만 별다른 느낌은 없다. 올 한 해 열심히 했고 충심을 다해 팀장을 쫓아다니며 수행했으니 S를 줄 수 있는 거 아닌가? 싶은 마음에 살짝 아쉬움이 들기도 한다.

"불만 없지?"

"저, 제가 더 보완해야 할 사항은 없습니까?"

"잘했어. 이 정도면 됐지 뭐. 내년에도 열심히 해줘. 나가서 L사원 좀 들어오라고 해"

뒤이어 들어온 L사원은 팀장이 내민 평가표를 보고 할말을 잃었다. 최종 등급은 C. 성과 등급은 A, 역량 등급이 C다. 평소 일과 관련해 그 어떤 부정적 시그널도 없었다. 무엇이 부족한지 힌트라도 줬다면 인지하고 고쳤을 텐데 아닌 밤중에 홍두깨다.

"흠흠, 나는 더 좋은 평가를 줬는데 말이야 위에서… 알지? 더구나 내년에 승진 대상자가 있으니 밀어줘야지. 어쩌겠어? 내년에 더 열심히 하자. 오케이?"

L사원은 자신이 C를 받은 이유를 구체적으로 더 묻고 싶었지만 이미 결정된 일에 토달아 뭐 하나 싶어 사인을 마친 후 휙 되돌아나왔다. 평가표 피드백 난에는 '조금 더 적극적인 업무 수행이 필요함'이라고만 적혀 있었다. 연초 작성한 KPI를 모두 초과 달성해 내심 기대를 했건만 무엇이 부족했는지는 도무지 알 길이 없다. 승진 대상자라는 I과장은 팀장 면담 후 희희낙락 표정이 좋다.

팀장은 공공연히 평가를 평가자와 피평가자 간 '마음의 거리'라고 말하는 사람이었다. 타 팀의 입사 동기들도 면담 후 비슷한 이야기를 하는 통에 평가는 그저 돌려 먹기나 요식행위라는 생각이 깊어졌다. 내년에 열심히 해보자는 생각은 글쎄, 안 생긴다.

애초에 평가의 공정성, 형평성, 투명성 면에서 자유로운 회사는 거의 없다. 평가를 안 한다면 모를까. 연초 목표를 세울 때 KPI나 OKR 따위 프레임워크를 도입해 숫자화 랭킹화 하는 등 부산을 떨지만 자기 평가를 포함해 그 기준이 고스란히 평가 등급이 된다고 생각하는 사람 또한 거의 없다.

심지어 팀장이나 임원들은 산정된 평가 결과에 대해 일부 최종 조정할 수 있는 권리를 가지는데 이것이야 말로 모두가 암묵적으로 동의해야 할 공정성, 형평성, 투명성에 난입해 기준을 흔들고 내 마음대로 평가하겠다는 rule breaking에 다름아니다.

결국 S를 받은 단 한 사람을 제외하고 모두가 지는 lose-lose 게임의 악순환에 빠진다. 자연스레 최초 목표를 작성하는 일도 요식 행위가 된다. 열심히 고민하고 의미를 부여해 작성해봤자 어차피 위에서 '마음의 거리'로 평가해 버릴 거라면 이런 절차는 대체 왜 필요한가? 대충 해오던 일의 연장선에서 빈 장표를 채우기에 급급하게 된다.

그저 온갖 PI를 나열해 놓고, 그러니까 일의 경중 구분도 없이 모두 중요한 KPI 라며 때려 박는 식이다. 많으면 많을수록 좋다. 양으로라도 승부를 볼 수 있으니까.

연말에 이르러 취합된 결과 또한 별다른 인과관계도 없이 연초 작성된 목표에 끼워 맞춰 메이크업 된다. 성과를 달성해도 미달해도 별 의미가 없다. 어차피 평가는 윗선에서 마음대로 정해질 테니까. 왜 목표를 달성했다는 사람들은 넘쳐나는데 회사의 실제 목적 달성과 전체의 성과는 오리무중이며 오히려 회사는 해가 갈수록 뒷걸음치는지 어리둥절할 따름이다.

한 해의 노고와 결과물을 정당하게 평가받고 한 걸음 더 성장한 내년을 준비하는 축제의 장이 되어야 할 연말평가는 '누가 평가권자의 사람인가'를 확인하는 장으로 전락했다. 확실히 일 그 자체보다는 관계에 치중하게 되면서 피드백의 의미도 사라졌다. 성공이든 실패든 그 과정에서 얻어야 할 인사이트는 꿈도 못 꾼다.

이런 악순환이 몇 년 반복되면 일 잘하는 인재들은 마음이 붕 뜬다. 동기부여는커녕 좋은 기회가 오면 떠날 기회를 호시탐탐 노린다. 하나 둘 가랑비에 옷 젖듯 그들이 떠나고 나면 회사는 일보다 관계에 능숙한 쭉정이들만 남고 빈 껍데기가 된다.

'리더들의 피드백이 능숙하지 않고 제대로 이루어지지 않는다'라는 표면적 현상은 사실 심각한 시그널이다. 일도 바쁜데 그런 것쯤이야 별일 아니라고 치부하다간 큰코다친다.

요식행위가 되어버린 일의 목표 설정과 평가 과정을 처음부터 새롭게 접근해야 한다. 관계 중심에서 벗어나 일에 초점을 맞춰야 한다. 사실 리더들은 관계에 치중하느라 일에 대해 잘 모른다. 표면으로 보여지는 피상적 수준의 이해에서 그치기 때문에 구성원의 일에 대해 무엇을 어떻게 구체적으로 피드백해야 할지 모른다.

구성원 개개인을 주의 깊게 관찰하고 그의 일에 대해 시간을 들여 함께 논의하는 과정이 필요하지만 실무를 떠나 관계에 초점을 두는 순간 피드백이라는 task는 제2, 제3의 가욋일이 되어 버린다. 기껏해야 술자리에서 신변잡기를 묻는 정도로 관계 만들기에 치중할 뿐이다.

구성원 또한 깊이 있는 업무 이해도가 없는 상태에서 피상적으로 주어진 일을 수동적으로 처리하기에 바쁘다. 주어진 일의 궁극적인 목적이 불분명하니 그 달성을 위해 구체적으로 이행해야 하는 목표 또한 능동적으로 만들어내지 못한다.

일에 초점을 맞춘다는 의미는 시간을 들여 주어진 일을 깊이 있게 분석한다는 뜻이다. 이 일은 리더와 구성원 쌍방이 모두 깊이 있게 관여해야 한다. 일을 객관적 시각에서 들여다보고 구체적으로 또 합리적으로 분석해 봐야 한다.

일의 실체에 대해 처음부터 끝까지 제대로 파악하고 그 이후에 목표를 작성하고 실행을 점검하고 그 결과가 목표 달성에 정말 영향을 주었는지의 인과관계를 꾸준히 추적해낼 수 있어야 한다. 그 과정은 단순히 숫자로 데이터로 이루어져서는 안 된다. 하나의 문장으로 정해져야 하며 조금 더 포괄적이지만 명확히 보이는 이미지로 표현되어야 한다.

그렇다면 일은 어떻게 구체적으로 파악할 수 있을까? 두 가지 방법을 제시한다. Macro와 Micro 방법이다.

Macro 즉 크게 보는 방법은 일의 중요도와 시급성을 척도로 나눈다. 중요하지만 시급하진 않은 일/중요하고 시급한 일/중요하지도 않고 시급하지도 않은 일/중요하진 않지만 시급한 일, 4개 분면으로 일을 크게 분류한다. 우리가 신경 써야 하는 영역은 당연히 중요한 일이다. 그중에서도 중요하지만 시급하지 않은 일에 주목해야 한다. 일의 목적과 의미, 그에 따른 구체적 목표를 만들어내는 과정, 팀원들과 필요한 정보를 공유하고 합의를 만들어내는 과정, 지속적인 실행 과정의 추적과 피드백, 직무 관련 장단점을 파악하고 성장하도록 돕는 일 등이다. 중요하지만 시급하지 않은 일들을 미루면 결국 중요하지만 시급한 일이 되어 허둥지둥 처리하게 된다. 물론 상사로부터 시급히 떨어지는 중요한 일도 있겠지만 대체로 그런 경우는 드물다. 생각해보라, 중요한 일을 급하게 처리하면 그 결과를 누가 장담할 수 있는가?

중요하진 않지만 시급한 일은 최소한의 시간을 들여 빨리 쳐내거나 외주를 주고, 중요하지도 않고 시급하지도 않은 일은 제거하면 된다.

Micro 분석방법은 Task matrix를 활용하는 것이다. 곤충이 머리, 몸통, 다리로 이루어져 있는 것처럼 하나의 일Task을 머리(기획) - 몸통(실행계획) - 팔다리(실행Operation)로 구분해 누가 어떤 영역의 일을 얼마나 참여하고 있는지 알 수 있도록 만든 도구다.

예컨대 교육 업무라면 교육 기획 → 사전 준비(Curriculum 구성, 교안 작성) → 강의 세팅, 교육 대상자 선정 및 통보 → 강의 → 강의 만족도 조사 → wrap up 보고서 작성 이런 순서로 진행되는데 이 과정 전체를 한 사람이 전담하는 일은 드물다. 머리를 쓰는 기획과 강의안 작성 등은 담당자 중 가장 선임이 전담하고 실제 몸을 움직이는 강의실 세팅과 뒷정리 등은 후임이 나눠 하는 일은 비일비재하다. 이것을 통으로 누구의 일이라고 표현하면 같은 일을 하지만 어떤 비중으로 어떤 일을 실제 맡고 있는지 제삼자는 알 길이 없다.

이 두 가지 방법을 조합해 자신의 일이 전체에 차지하는 비중과 일 자체가 가지는 비중을 명확히 나눠 볼 수 있다.

팀 리더는 일의 구체적 분석을 근거로 구성원 개개인의 목표 작성 과정에 적극 참여해 코칭을 하고 결과물에 대해 구체적으로 피드백을 할 수 있게 된다. 오늘날 회사의 리더들이 형편없는 피드백으로 일관하는 진짜 이유는 어쩌면 일을 정확히 모르는 데서 오는지도 모른다.

일에 대해 잘 모르고 목표 세팅 또한 처음부터 잘못됐는데 그 과정에 개입해 이래라 저래라 할 수는 없는 노릇이다. 그래선 무엇 하나 바뀌는 게 없다.

Emotion

두 번째 MEET는 감정과 정서, 감성Emotion이다.

당신은 이성적인 사람인가? 감성적인 사람인가? 조금 어렵다면 이과 체질인가? 문과 체질인가? 사람은 누구나 좌뇌와 우뇌를 모두 가졌다. 좌뇌는 이성과 미시적 디테일을, 우뇌는 감성과 거시적 큰 그림을 관장한다.

대체로 남성은 이성적인 좌뇌 중심, 여성은 감성적인 우뇌 중심 사고를 한다고 알려져 있다. 실제 학창 시절만 봐도 남학생은 이과가 더 많고 여학생은 문과가 더 많았다.

완벽히 한쪽 유형으로만 치우친 극단적 성향은 드물지만 자기 자신이 어떤 성향에 가까운지는 비교적 정확히 알고 있다.

직장생활에 있어 이성에 비해 감성은 소홀히 다뤄졌다. 숫자와 논리, 데이터가 경영의 바이블처럼 떠받들어졌고 냉철한 이성의 소유자가 이상적 경영자의 상징이었다. 물론 그들이 지금까지 이뤄낸 성과는 눈부셨다. 근면성실을 최고의 가치로 생산성과 효율성을 부르짖으며 가열차게 일해온 덕분에 확실히 파이는 커졌다. 과거 어느 때보다 인류는 잘 먹고 잘 살게 됐다.

이성이 감성을 압도한다는 신화는 고도의 성장과 함께 그렇게 서서히 진리로 굳히는 듯 보였다. 반면 숨은 부작용들도 서서히 드러나기 시작했다. 개인의 희생도 마다 않고 일에 몰두했던 대한민국 4, 50대 남성들은 가장 스트레스를 많이 받는 집단이 됐다.

어느 누구보다 이성적이라고 자부했던 산업의 중추들은 직장에서 가정에서 사회에서 쏟아내는 감정의 무게를 감당하지 못하고 하나둘 픽픽 쓰러져 나갔다. 이제 막 정점을 지나 꺾이기 시작한 신체 리듬도 거들었다.

어디 이들뿐인가? 현대인 대다수가 감정을 제대로 다스리지 못해 크고 작은 각종 정신질환에 시달린다. 지나친 비약이라고? 스스로를 포함해 주변 사람들을 돌아보라.

가벼운 우울증, 불안증, 불면증 한 번 앓지 않은 사람이 없다. 심지어 연예인들만 앓는다는 공황장애가 유행처럼 번지고 있지 않은가? 크고 작은 각종 정서적 문제로 온 사회가 아우성친다.

감정은 그저 누르고 다스리고 감추라고만 배웠지 어떻게 풀어야 하는지 그 방법은 알지 못한다. 이거 괜찮은 걸까? 기성세대 못지 않게 각박한 경쟁, 취업난, 불투명한 미래에 시달리던 MZ세대를 중심으로 어느 순간 '하마터면 열심히 살 뻔'했다며 힐링, 워라밸, 욜로 따위 키워드들이 대세로 떠올랐다.

근면, 성실, 자기 희생이라는 전통적 가치에 정면으로 반기를 드는 의지가 제법 매섭다. 자신들을 그저 돈 버는 기계로 생각하고 쥐어짜려는 사회에 맞서 스스로 위로를 찾아 건네기 시작했다.

위로. 얼마나 감성적인 키워드인가? 우리는 일하면서 이 말을 들어본 적이 없다.

'너 감정적이야. 이성적이지 못해'라는 누군가의 말은 그 자체로 부정적 의미로 통했다. 자신의 감정을 컨트롤하지 못하면 미성숙한 사람이라는 손가락질도 받았다. 말이 컨트롤이지 사실상 억누르라는 강요에 가까웠다.

"감정 절제의 목적은 균형이지 억압이 아니다"라고 말했던 아리스토텔레스는 이미 수천 년 전 오늘날의 문제를 예견했는지도 모른다.

우리는 어쩌다 감정이 배제된 이성을 숭배하게 됐을까? 미국 하버드 대학교 교육심리학자인 하워드 가드너Howard Gardner가 소개한 '다중지능'에서 그 힌트를 찾을 수 있을지 모르겠다. 그는 인간의 지능은 언어지능, 논리수학지능, 공간지각지능, 청각지능, 신체지능, 인간친화지능, 내적 성찰지능 등 총 7가지(최근 도덕지능, 자연친화 지능이 추가되었다)라고 주장했다.

우리가 지능 지수의 표본으로 알고 있는 IQ는 이 중 언어지능과 논리수학지능만을 검증한다. 학창시절부터 우리는 IQ 즉 언어지능과 논리수학지능에 특화된 교육을 중점적으로 받아 왔다. IQ테스트를 포함해 수능까지 우리가 주로 배우고 검증받는 지능은 인간의 7가지 재능 중 단 두 가지, 언어지능과 논리수학지능뿐이었다.

그 결과로 대학을 가고 대학 간판으로 사람을 뽑아 기업을 운영해 왔으니 온 사회가 이성지능에 과몰입한 사회가 된 것도 무리가 아니다.

하워드 가드너는 "일상생활에서 인간친화지능보다 더 중요한 지능은 없다"라고 잘라 말하며 이성지능 편향에 대한 우려를 에둘러 지적한다.

EQ 감성지능을 연구한 대니엘 골먼Daniel Goleman 역시 "감성지능은 모든 지능의 우두머리다"라는 말로 이를 뒷받침한다. 또한 "CEO들은 높은 지능지수와 경영능력으로 채용되지만 감성지능 부족으로 해고된다"라고도 했는데 경영학에서 감성지능의 비용효율성은 비교적 최신의 개념으로 일부 경영자들은 여전히 이를 받아들이기 어려워한다.

대다수 경영자들은 일을 가슴이 아닌 머리로 하는 것으로 인식하고 부하직원들의 감정에 대응하기 시작하면 사람을 다루는 일이 불가능해질 것이라고 믿는다. 이 속내를 알고 보면 소름 돋는 사실이 읽힌다. 구성원의 감정에 주목하면 쉽게 하지 못할 일이란 대체 뭘까? 사람을 쉽게 자르지 못한다는 뜻일까?

하버드 경영대학원 쇼샤나 주보프Shoshana Zuboff는 "그동안 조작을 일삼고 밀림의 싸움꾼 같은 상사가 보상받는 위계질서에 의한 관리직의 지배가 오랫동안 계속돼 온 셈입니다. 그러나 그런 경직된 위계질서는 세계화와 정보기술의 압력을 받으며 1980년대부터 붕괴되기 시작했습니다. 밀림의 싸움꾼은 기업체의 과거 모습을 상징하지만, 이제는 최고의 대인관계 기술자가 회사의 미래입니다"라는 말로 이성 중심 기존 사회의 붕괴에 대해 지적했다.

사람의 마음을 얻지 못하면 기업도 그 미래를 장담하지 못하는 세상이 됐다. 사람이란 기업 밖의 고객만을 뜻하지 않는다. 당연히 내부의 구성원들을 포함한다. 이제 감성 관리는 더 이상 외면할 수 없는 기업의 주요한 가치가 되었다. 다행스러운 점은 감성은 얼마든지 연습으로 강화할 수 있다는 사실이다.

바야흐로
감성지능의 시대

코로나는 전세계를 휩쓸었다. 병원 신세를 지거나 목숨을 잃은 사람들은 물론이거니와 자영업, 소상공인 등 크고 작은 사업체들이 물질적 타격을 입었고 여전히 많은 사람들이 생활에 제약을 겪고 있다.

그러나 순기능도 있었다. 일시 정지, 모두를 잠시 '멈춤'하게 만든 것이다. 지금이야 재택근무도 뜸해지고 모임 제한도 풀렸고 이전의 모습을 슬금슬금 찾아가고 있지만 수천만 직장인들의 기존 패턴이 일시에 정지했었다.

마치 톱니바퀴처럼 일사불란 멈추지 않던 거대한 기계가 작동을 멈춘 것이랄까? 그 사이 주 52시간 제도가 어느 정도 정착되고 워라밸, YOLO 같은 기존 산업 사회에서는 꿈도 못 꿨던 삶의 질이 화두가 되어 젊은 세대를 휩쓸었다.

전국민적 아니 전 세계적 멈춤 상황에 비로소 '대체 나는 누구이고 왜 일하는가?' 더 나아가 '대체 삶이란, 행복이란 뭔가?'라는 진지한 고민을 해볼 짬을 얻은 셈이다. 그 과정에서 기존의 셈법과 고정관념과 시스템이 어쩌면 정답이 아니었을 수도 있다는 사실을 많은 사람이 간파하기 시작했다.

아, 모이지 않아도 일이 되는구나? 사무실에서 죽치고 앉아있던 사람들이 그저 시간만 때우고 있었던 거구나, 이 정도 업무에 이 많은 사람들이 붙어 있을 필요는 없겠구나. 따위 불편한 진실들이 변형된 일상 안에서 속속 발견되기 시작했다.

시장도 변했다. 플랫폼 기업들의 폭발적 성장과 디지털 기술의 고도화로 이전처럼 하지 않고도 내가 원하는 것을 제때에 정확하게 받아 볼 수도 있고, 내 취향을 저격하는 서비스와 제품을 찾는데 힘을 들이지 않게 되었다. 일방적이었던 기업과 고객의 위치가 대등한 관계로 격상하고 급기야 내 가치와 맞지 않거나 나쁜 짓을 일삼는 기업들은 고객의 선택에 의해 내쳐지는 지경에 이르렀다(물론 일부이긴 하지만).

거기에 ESG Environment, Social, Government라는 화두는 기업 및 시장에 환경과 사람에 대한 관심, 선한 영향력을 위한 지배구조의 변화를 강력히 요구하고 있다. 결국 본질은 인간 회복이다. 이윤에만 쏠려 있던 기업과 시장의 탐욕에 거대한 브레이크가 걸린 셈이다.

물론 여전히 갈 길은 멀지만 분명한 사실은 그 이전의 질서들이 급격히 무너지고 새로운 질서, 뉴 노멀New normal이 자리잡는 과도기의 중심에 있는 것만은 확실해 보인다. 자연스레 일과 삶에 관한 트렌드 또한 급격히 변화하고 있다.

서점에 가보면 한동안 하마터면 열심히 살 뻔한 사람, 과감히 사표를 던지고 진짜 삶을 찾았다는 사람들의 이야기로 가득했었다. 그러다가 또 어느 순간엔 방향을 확 틀어 '무슨 소리야? 월급 따박따박 나오는 직장이 최고지. 열심히 버텨야지'라는 성난내 결의 책들이 쏟아져 나오기도 한다.

대체 어디에 장단을 맞춰야 할지 모를 지경이지만, 이런 상황일수록 더 선명해지는 가치는 분명 '사람'이다. 아니, 우리가 언제 사람을 등한시했나요 묻는다면 1초의 망설임도 없이 '그렇다'라고 말하겠다. 아니, 그러지 않은 적이 있었나 되묻고 싶을 지경이다. 팬데믹 이전의 기업들은 명백히 사람을 사람으로 대하지 않았다.

좋게 말해서 인적자원, 비용과 수단으로 봤다. 빨리빨리, 성장과 효율, 생산성만이 절대선이었던 시대에 개인의 고유성, 개성, 정체성 따위는 뒷전에 두고 그저 많이 일하고 희생하고 군말 없이 시키는 대로 까라면 까는 사람이 인정받아왔다. 그마저도 때가 되면, 아니 필요하면 언제든 대체될 수 있는 소모품에 불과했다. 이 사실을 부인할 수 있을까?

지금은 이른바 지적 생산의 시대, 지식 기반 사회가 되었다. 그 변화의 속도 또한 가파르다. 빠르다 못해 토가 나올 지경이다. 온갖 전망이 쏟아지고 전에는 듣도 보도 못한 메타버스니 NFT니 블록체인이니 실체가 있는 것과 없는 것들이 뒤섞여 정신을 차리기 힘들 정도다.

미래학자란 사람들의 의견은 그야말로 귀에 걸면 귀고리, 코에 걸면 코걸이처럼 보인다. 일자리의 50%가 10년 내로 사라진다고 겁을 잔뜩 주기도 하고 또 어떤 사람은 그렇게 줄어드는 일자리는 생각보다 적고 오히려 인간의 통찰과 창의력이 필요한 새로운 일자리가 그만큼 생겨나 큰 차이가 없을 것이라고 전망하기도 한다.

그렇게 될 경우 기존의 고위험 저부가가치 오퍼레이션 업무의 비중이 줄어들어 새로운 훈련을 적시에 적절히 받는다면 저위험 고부가가치의 일자리를 얻게 될 것이라는 장밋빛 전망을 이야기한다.

일자리 자체의 절대량 감소는 피할 수 없는 숙명일지도 모르지만, 선진국들의 인구 감소 비율을 감안하면 차세대 인류의 일자리 문제는 생각보다 심각하지 않을지도 모른다.

어디에 장단을 맞출 것인가?

그야말로 VUCA(volatility변동성, uncertainty불확실성, complexity복잡성, ambiguity모호성)의 시대다. 어떤 방향이든 확정된 팩트가 있다면, 기존 산업 시대의 절대 가치였던 근면, 성실에 기반한 생산성, 효율성 위주 양적 성장의 시대는 종말을 맞았다는 것뿐이다.

고위험 저가치 육체노동의 부담을 AI, 로봇, 자동화 시스템에 맡긴다면 생산성은 더 높아질 테고 인간은 인간 고유의 역할을 부여받게 될 것이다. 남들과 달라야 하고 자신만의 아이덴티티를 구축해 콘텐츠를 가지고 있어야 한다. 그러려면 자신의 고유성을 드러내고 자발적으로 성장 발전하는 사람이어야 한다.

지금의 직장인들이 가진 태도, 습성과는 거리가 멀어도 한참 멀다. 지적 생산 시대에도 여전히 시간 투입 대비 아웃풋이 절대적인 분야의 일도 있겠지만 기본적인 가정은 최저의 시간으로 최고의 결과물을 내는 일자리 혁명이 현실화될 것이다. 더 이상 근면, 성실이 직장인 최고의 덕목이 아닌 시대라는 말이다.

코로나가 완전히 종식되면 그런 추세는 더욱 가속화될 것이다. 이미 많은 직장인들은 적당히 일해야 집중이 잘되고 오히려 생산성도 높다는 사실을 알아버렸다. 아무런 역할도 기여도 하지 않으면서 자리만 차지하고 있는 잉여인간이 누군지도 알아버렸다.

정신을 차리지 못하는 속도로 빠르게 변화한 일과 개인, 삶, 행복의 가치관에 따르자니 기존의 관성이 발목을 잡는다. 그 관성은 지금 별 기여도 없으면서 꿀 빨던 높으신 분들에게 가득하다.

조직문화는 인간의 관점으로 재설정되어야 한다. 다시 인간의 시대다. 바야흐로 감성의 시대다.

감성지능이
뭐길래?

신입사원 장백기는 아침부터 부지런하다. 동이 터오는 아침 집을 나와 매일같이 도로에 물을 뿌리며 하루를 여는 문방구 아저씨를 지난다. 누구보다 먼저 사무실 문을 여는 그 느낌이 좋다. 커피를 내리고 자리에 앉아 업무를 준비하는 시간은 여유롭다.

드라마 〈미생〉의 이 장면은 냉철한 FM 상사가 출근하면서 와장창 깨져 나간다. 그 기분을 그대로 이어나가 하루를 감성 충만한 일터로 만들 수는 없을까? 우리네 일터가 감성이라곤 찾아볼 수 없는 살벌한 전쟁터가 된 이유는 무엇일까?

우선 감성이 무엇인지도 잘 모르겠다. 그저 인스타에 올리는 사진에 '감성 돋는다'라는 메시지를 쓸 때 쓰이는 용어 정도라면 모를까.

감성지능EQ에 대해 포문을 연 사람은 뉴햄프셔 대학의 존 메이어와 예일대의 피터 샐로비 두 사람이었다. 이들은 자신들의 논문에서 감성지능(EQ; Emotional Quotient)이란 개념을 처음 제시했는데 '자신과 타인의 감정을 인지, 조절할 수 있는 능력'이라고 정의했다.

미국 하버드대 심리학자 대니얼 골먼은 이들을 이어 감성지능EQ을 를 본격적으로 대중화했다. 대니얼 골먼은 감성지능이 높은 사람의 특징으로 다음을 제시한다.

1) 자기자신에게 끊임없이 동기부여를 하고,

2) 좌절에도 앞으로 나아갈 줄 알고,

3) 만족을 뒤로 미루며 충동을 억제하고,

4) 자기 기분을 통제하고

5) 걱정거리 때문에 사고력이 저하되지 않게 하며,

6) 감정이입을 할 줄 알고,

7) 희망을 품을 줄 아는 능력

감성지능이 높은 사람들은 뛰어난 회복 탄력성을 바탕으로 스스로의 내적 상태를 꾸준히 돌아보고 객관적이면서도 긍정적으로 인지하려는 습성을 유지한다. 이를 토대로 타인의 입장을 보다 손쉽게 이해하고 받아들인다.

하워드 가드너는 감성지능을 다음과 같이 구체적으로 정의하기도 했다.

인간친화지능 – 타인의 기분, 기질, 동기, 욕망을 식별 그들의 행동에 적절하게 대응하는 능력

자기성찰지능 – 자기 자신의 감정을 식별하고 스스로의 행동을 통제하기 위해 적절히 감정을 활용하는 능력

결국 감성지능이 높은 사람은 내면에서 일어나는 감정을 포함한 사고 프로세스를 인지하고 타인과의 관계에 적절히 활용하는 사람이다. 이들은 내면에서 생기는 감정에 대해 보다 정확히 이해하고 그것을 풍부한 어휘로 표현한다. 이는 곳 은유와 상징 즉 메타포를 활용하는 능력으로도 이어진다.

직관적 시그널이 주어지지 않으면 아무것도 할 수 없는 오늘날의 경영자들은 감성 불능자들에 가깝다.

'입력 → 출력'이라는 숨 넘어가는 이성 중심 초스피드 경영에 찌들대로 찌든 대다수의 경영진은 중장기적 관점에서 쉽지 않은 여정을 상징으로 풀어내는 과정을 참지 못한다.

"무슨 말인지 모르겠으니까 돌려 말하지 말고 숫자와 근거, 데이터를 가져오라고!"

"이걸 하면 대체 뭐가 좋아진다는 거야? 얼마를 투입해서 어떤 효과가 있다는 건지 직관적으로 이야기해!"

그나마 다행인 점은 공감 능력은 타고나는 것이지만 얼마든지 개발할 수 있다는 사실이다. 어린 시절 콩쥐와 신데렐라에 연민을 느끼고 팥쥐와 계모에 분노한 적이 있다면 그 회선이 분명 살아있었다는 증거다.

감성지능은 빠른 의사결정을 방해하고 애꿎은 시간만 잡아먹는 비효율 낭비가 아니라 그 과정에 참여한 모든 이해관계자들(당연히 사람인)의 내면을 탐지해내는 효과적인 도구다. 그들에게 어떤 감정이 있고 또 그 감정으로 인해 무엇을 원하고 불편해하는지, 그 근거와 원인을 찾아내고 본질적 해결책 혹은 미처 생각하지 못한 새로운 경로나 생태계를 제시할 수 있는 일종의 마법 지팡이 같은 것이다.

감성지능은 빠른 의사결정을 방해하고 애꿎은 시간만 잡아먹는 감정 놀이가 아니라 그 과정에 참여한 모든 이해관계자들(당연히 사람인)의 내면에 어떤 감정이 있고 또 그들이 그 감정으로 인해 무엇을 원하는지 불편해하는지 그 근거와 원인을 찾아내고 본질적 해결책 혹은 미처 생각하지 못한 새로운 경로나 생태계를 제시할 수 있는 무한의 보물창고인 셈이다.

숫자 또는 데이터가 올바른 판단을 위한 시작점이 되어야 한다는 점에는 이의가 없지만 오직 눈앞에 놓인 단기 이익을 위해 시간을 단축하고자 남용되는 진통제처럼 쓰여서는 안된다. 그 과정에서 희생되는 본질적 가치를 모른 척하고 숫자로 증명하면 되지 않느냐? 는 궤변도 이제 멈추어야 한다.

숫자와 데이터, 그 이면에 들어있는 진짜 의미를 찾아내는 통찰은 엄연히 논리와 이론이 아닌 내적성찰과 타인은 어떻게 생각하고 행동하는지 알아내는 감정이입에서 나온다.

숫자와 데이터를 추종하는 체질만으로는 기껏해야 남들이 만들어 놓은 혁신의 카피캣에 머무를 뿐이다. 베스트 프랙티스만을 추종해서는 스스로 기준이 될 수 없다.

본질적으로 경쟁사와 다른 위치에서 독보적인 개척자의 길을 걷고 싶다면 겉으로만 그럴듯해 보이는 이성 중심 경영에서 벗어나(선도자 애플과 카피캣 삼성의 영업이익 비율을 비교해 보라) 서둘러 감성중심으로 체질을 바꾸어야 한다.

1965년에 미래 2000년대를 예측하며 그린 이정문 화백의 《서기 2000년대 생활의 이모저모》라는 만화를 보면 90% 이상 현재의 모습을 맞혔는데 이는 이성과 데이터 숫자에 근거한 자료가 아닌 미래에는 이렇게 되었으면 좋겠다는 감성에 기반한 상상력이 그 원동력이었음을 알 수 있다.

한 번도 가보지 않은 신세계로 나아가는 길 앞에 어떤 이정표를 따를 수 있을까? 어떤 성공경험과 과거의 데이터를 참고할 수 있을까? 감성지능은 자신과 타인을 보다 정확히 꿰뚫고 진정으로 바라고 가슴 뛰는 미래가 무엇인지 상상하고 또 현실이 되도록 해준다.

감성지능 부족이
부끄럽지 않은 사장님

"나는 말이야 공감 능력도 별로 없고 감정하고는 거리가 먼 사람이야."

명문대 공대 출신의 사장은 곧잘 자신이 감성적이지 못한 사람이라고 실토했다. 그런 고백을 하는 동안 그의 표정은 부끄러움보다는 오히려 당당함이 앞섰다.

반면 누군가 "지능이 낮으신 모양이네요." 라고 말한다면 어떻게 나올까? 그 당장 정색하며 무슨 무례한 행동이냐고 버럭할 지도 모른다. 체면을 중시하는 사람이라면 겉으론 허허 웃어 넘기겠지만 속으로는 불쾌해 어쩔 줄 몰라 할 것이다.

그런데 왜 유독 감성지능 만큼은 부끄러움 없이 당당하게 오픈할 수 있을까? 감성지능 부족쯤은 별 게 아니라고 믿는 듯하다. 사실 그 이면에는 좌뇌의 기능, 즉 이성 지능을 떠받들고 숭상해온 사회적 신념이 짙게 깔려 있다. 감성지능 따위 낮거나 아예 없어도 이성과 논리로 무장한 머리만 있으면 경영자로서 성공할 수 있다는 믿음 말이다.

감성적이지 않다고 자기 입으로 말함으로써 겸손해 보이는 효과와 함께 자신이 가졌다고 굳게 믿는 냉철한 이성을 더 빛나 보이게 하는 비교 기재로 활용하고 있음이 틀림없다.

여기서 두 가지 의문이 생겨난다.

첫째, 정말 감정을 배제하고 이성적으로만 판단할 수 있는가?

유능한(그러하다고 알려져 있는) 경영자일수록 감정에 영향을 받지 않고 이성적으로 의사결정을 내린다고 믿지만 이는 사실이 아니다.

심리학자이자 정신의학과 의사인 리사 펠드먼 배럿은 말한다.

"당신은 어떻게 처신할지 결정하기 전에 장단점을 따져보는 합리적 동물이라고 스스로 생각할지 모른다. 그러나 뇌의 피질 구조상 이것은 허구일 뿐이다…운전석에 앉아 있는 것은 정동이고, 합리성은 승객이다." 여기서 정동이 바로 우리가 느끼는 원초적 감정을 의미한다. 그 외에도 경제학, 심리학 등 관련 학문의 수많은 연구들이 인간의 합리성에 진지한 의문을 제기한 현실을 감안하면 스스로 감정을 배제한 이성적 판단을 하고 있다는 리더들의 믿음은 착각에 불과하다.

둘째, 감성 없는 이성은 정말 괜찮은 걸까?

사실 더 큰 문제는 여기에 있다. 앞서 살펴봤듯 인간은 총 9가지의 지능이 있다. 그 중 감성지능은 인간친화지능, 내적 성찰지능을 포함한다. 온갖 종류의 관계로 이루어진 사회생활의 정점인 회사에서 이성지능만 높고 감성지능이 떨어지는 사람들이 득실거린다면 과연 어떻게 될까?

대니얼 골먼은 "감정 없는 이성은 까막눈이나 다름없다"고도 일침을 날렸는데 감정을 배제하고 이성적으로 판단한다는 수많은 경영자들의 신념이 맞다면 까막눈 상태로 의사결정을 내리고 있는 것이나 다름없다.

오늘날 회사 내에서 벌어지는 무수한 관계의 문제들, 예컨대 직장내 괴롭힘, 인격 모독 따위 인간 소외의 문제들이 갈수록 늘어나는 이유가 어쩌면 감성지능이 떨어지는 사람들의 소행 때문은 아닐까?

학자들의 연구에 따르면 이성지능과 감성지능은 서로 관계가 없는 독립적 요인이다. 시험만 잘 보고 다른 지능은 턱없이 떨어지는 공부벌레들이 존재할 가능성을 강하게 암시한다.

학벌지상주의에서 한 발도 벗어나지 못한 대한민국 사회에 머리만 좋고 (IQ) 공감지능은 제로에 가까운 사람들이 아무런 검증 없이 조직에 합류하고 또 승승장구해 요소요소에 포진한 결과 인간미가 사라진 무시무시한 생존정글이 되었는지도 모른다. 이는 비단 우리나라만의 문제는 아닌 듯 보인다.

"CEO들은 뛰어난 지성과 전문경영능력으로 고용되지만, 감성지능 부족으로 해고된다"라고 했던 대니엘 골먼은 이런 의심에 쐐기를 박는다.

낮은 감성지능이 낮은 이성지능 못지 않게 심각한 결함이라는 사실을 미처 깨닫지 못하고 있음을 미루어 짐작할 수 있다. 그런 CEO와 경영진이 포진한 회사의 전체적인 분위기는 어떨까? 회의 시간을 상상해보라. 화면에는 숫자와 데이터로 범벅이 된 대시보드들이 즐비하고 이성적 판단 외 그 어떤 감성적 접근이나 이면의 통찰을 발견하지 못하는 감성 저지능자들의 회의 모습 말이다. 일단 숨이 턱 막힌다.

그 잘난 숫자 분석과 과거 트렌드 분석 따위로는 당장 내일의 일조차 예측하지 못하는 일관된 실패의 경험 속에서도 이성 우선이라는 미련을 버리지 못한다. 사람을 부품이나 인건비로 취급해 손익을 맞추는데는 칼같아도 그 가정에서 낙은 사람들이 정신적 트라우마로 겪게 될 감정과 주의력, 충성심, 동기부여의 손실은 못 보는 사람들이 리더인 회사의 하루하루는 지옥일지도 모르겠다.

스타벅스의 CEO 하워드 슐츠는 말했다.

"사랑, 인간애, 겸손을 성과 중심적 조직에 접목시키세요. 이들은 얼핏 상충하는 것처럼 보이죠. 하지만 저는 이러한 리더십으로 성과가 크게 개선된다고 믿습니다. 우리가 과거 어느 때보다도 실적 지향적이면서도 기업 가치가 높은 수준에 이르렀기 때문에 저는 이점을 확신합니다. 사랑, 인간애, 겸손을 전 지구적 차원에서 융합하여 그것을 성과 중심적 조직에 녹여낼 수만 있다면 누구도 우리를 이길 수 없습니다."

이는 시대를 선도하는 감성 기업의 사명에 냉철한 이성이 아닌 인간을 중심으로 한 감정이 깔려 있음을 천명한다.

스타벅스뿐 아니라 오늘날 성공한 기업들은 고객들에게 자발적인 지지와 사랑을 받는다. 무엇을 위해 우리가 존재하는가? 라는 존재의 당위성과 진정성이라는 토끼를 모두 잡을 수 있었던 이유는 이성지능뿐 아니라 감성지능도 뛰어난 오너와 경영진이 고객과 내부 구성원의 마음을 얻고 진정성을 인정받았기 때문임을 어느 누가 부인할 수 있을까?

재무제표를 무기 삼아 온기라곤 없는 숫자와 데이터에 집착하고 자화자찬에 빠진 나머지 기만과 반칙을 서슴지 않는 기업일수록 고객과 구성원의 마음에서 멀어져간다.

회사도 결국 인간들이 모여 만들어낸 이야기의 결과물이다. 객관적인 듯 보이는 숫자와 현란한 데이터로 당장의 눈속임을 만들어낼 수 있어도 인간 친화, 자기 성찰을 중심으로 한 감성지능 없이 지속할 수는 없는 노릇이다.

가장 윗물부터 감성이라곤 찾아볼 수 없는 냉혈한들로 채워졌다면 애초에 불가능한 항해다.

변화는 이 지점부터 시작되어야 한다. 더 이상 이성 중심의 숫자, 재원만으로는 살아남을 수 없다는 사실부터 깨달아야 한다.

"나는 시험은 잘 보고 좋은 대학 나왔지만 감성엔 약해서 말이지"라고 주저 없이 말하는 CEO나 임원, 리더가 보인다면 충고한다.

얼른 도망쳐라.

내가 나를 모르는데

우리가 알고 있는 사실들은 정말 한 치의 오차도 없는 진실일까? 몇 가지 실험을 해보자.

"알아야 면장을 한다." 이 문장의 의미를 정확하게 설명할 수 있는가?

대부분 많이 배워야 시골의 면장이라도 해먹을 수 있다는 뜻으로 알고 있을 것이다. 이쯤 되면 짐작하겠지만 이 풀이는 완전히 틀렸다. 여기에서 면장은 '面長'이 아니라 '免牆'이다. 담장을 면하다. 즉 무지의 장벽을 뛰어넘는다는 뜻이다.

그렇다면 이 문장은 어떨까? "개판 오 분 전"

개들이 판을 치는 아수라장을 떠올렸겠지만 이 역시 틀렸다. 아수라장인 상황은 맞지만 여기서 개판은 '開'판이다. 판이 열리기 전이라는 뜻이다. 한국전쟁 당시 피난민들의 배급 직전 상황에서 유래했다는 말도 있고 훨씬 그 이전 씨름판이 열리기 전이라는 의미에서 유래했다는 설도 있지만 우리가 흔히 아는 '견공들의 판'과는 완전히 거리가 있다.

아니 뜻만 통하면 됐지, 그렇게 일일이 따지다간 인생 피곤해진다. 라고

하기엔 '아' 다르고 '어' 다르다. A가 A'를 넘어 B나 C로 되는 일도 허다하기 때문이다.

아는 것 같은데 실은 잘 모르는 이런 일은 우리 일상에 비일비재하다. 메타 인지에 대한 이야기다. 이 단어 자체로도 같은 실험을 할 수 있다. 메타 Meta가 무엇인가? 라고 묻는다면 정확한 설명이 가능한가?

글쎄? 짐작건대 메타Meta가 이런저런 명사에 붙는 단어인지라 수시로 접해 안다고 생각하지만 막상 메타만 떼어서 물어보면 그 뜻을 정확히 모른다. 메타는 ~사이에, 뒤에, 넘어서 라는 뜻이다.

즉 메타 인지는 '인지 그 자체를 넘어서 아는 것'을 뜻한다. 쉽게 이야기하면 내가 모른다는 사실, 안다는 사실을 아는 것이다. 이는 감성지능, 그중에서도 내적 성찰지능에 핵심 재료가 된다.

존 메이어와 피터 셀로비는 "자기 감정을 '일어난 그대로' 인식하는 자기 인식이 감정지능의 근본"이라고 했는데 이는 메타 인지와 직접적으로 연관된다.

대니얼 골먼 또한 "자기 관찰은 열정에 들끓거나 고통스러운 감정을 너무도 침착하게 인지하도록 해준다. 최소한 자기 관찰은 경험에서 살짝 뒤로 물러나 지금 일어나고 있는 일에 함몰되지 않고 깨어 있으면서 주된 흐름의 위나 옆에서 서성거리는, 나란히 흐르는 '초의식'으로 드러난다"고 했다.

감정의 인식은 감성의 자기 통제와 같은 여타의 능력을 구축할 수 있게 해주는 기본적인 감성 능력이다. 수많은 현대 직장인들이 감성 인식에 취약해진 이유는 자신의 감정을 옆에 서서 마치 제3자처럼 관찰하며 지켜볼 물리적 시간과 미음의 여유를 도무지 가질 수 없기 때문일지도 모른다.

자신의 감정이 어떤지, 무엇을 좋아하는지 왜 슬퍼하고 분노하는지 깊은 성찰의 기회를 빼앗긴 채 반복적이고 기계적인 일상 속에서 주어지는 갖가지 형태의 감정들을 그저 억누른 상태로 하루하루를 살아가도록 강요받을 뿐이다.

그 결과 집단주의적 관습과 고집으로 똘똘 뭉친 꼰대 리더들이 대거 양산됐다. 애초에 단기적 성과에 초점을 두고 숫자와 데이터에 집착하는 조직이라면, 오직 자신만이 정답이고 상대의 이야기는 들을 생각도 하지 않는 안하무인들이 시원하게 일을 추진한다는 이유로 인정받고 요직 곳곳에 포진할 가능성도 크다.

결국 이들은 잘못된 결론에 도달하더라도 자기성찰과 객관화의 능력이 없어 자신이 무엇을 모르는지조차 모르는 상태로 실수를 알아차리고 바로잡을 기회까지 날려버리는 이른바 더닝-크루거 효과에 빠진다.

학생들의 학습에도 더닝-크루거 효과, 메타 인지는 중요한 영향을 끼친다. 시험을 보면서 자신이 무엇을 모르고 부족한지 정확히 파악하는 능력이 향후 학습능력에 큰 영향을 미친다는 것이다. 70점을 받았어도 무엇을 알고 무엇을 몰랐는지 정확히 예측한 학생이 90점을 받고도 자신이 받을 예상점수를 정확히 예측하지 못한 학생보다 향후 학습에 더 긍정적이라는 실험 결과는 자못 흥미롭다.

우리가 안다고 생각하는 무수한 사실들은 정말 사실일까? 내가 알고 있는 나는 정말 객관적인 나일까? 제3자들은 나를 나와 같이 생각하고 있을까?

우선 내가 모든 것을 알 수 없고 내가 하는 말이 정답일 수 없다는 사실을 명확히 인식해야 한다. 이는 시간을 들여 깊이 성찰할 문제도 아니다.

내가 알고 있는 근거와 데이터가 부정확할 수 있다거나 상황과 맥락에 맞지 않는 부적절한 예시일 가능성이 언제든 있다는 사실에 마음을 열어 놓아야 한다.

잘 안다고 생각했지만 막상 타인에 설명할 수 없는 일에 대해서는 모른다는 사실을 당당히 인정하고 배움의 자세로 접근해야 한다. 자존감은 내가 모르는 것을 아는 척한다고 생기지 않는다.

메타 인지에 취약한 감성 무능력자들이 높은 자리에 올라 눈 감고, 귀 닫고, 입 막고 행하는 독선의 부작용을 고스란히 겪었다면 그들을 반면교사로 완벽한 사람은 이 세상에 존재하지 않는다는 진리를 스스로 잊지 않아야 한다.

자신에 대한 객관적 관찰, 감정의 흐름을 제3자적 입장에서 보는 일이 쉬운 일은 아니지만 자신이 틀릴 수 있다는 사실 자체를 인지하는 것만으로도 우리는 변화의 가능성 앞에 설 수 있다. 자신에 대한 이해 없이 결코 타인에 대한 이해로 나아갈 수 없다.

자기 자신도 제대로 이해하지 못하고 사랑하지 않으면서 타인을 이해할 수 있고 사랑하고 응원한다고 말하는 것이야말로 가식이고 위선이다.

감정적인
사람입니다

"나는 감정적인 사람입니다." 이 말이 어떻게 들리는가?

"어른이 말이야. 자기 감정도 조절 못하고 이성적으로 굴지 못하면 되겠어? 그런 태도가 일을 그르치는 거라고!"

이런 조언을 듣기 십상이다. 왜 '감정적인 인간'이라는 단어에는 부정적 인식이 스며들었을까? 특히 남자들의 경우 '남자는 인생에 딱 세 번 운다. 태어날 때, 부모님이 돌아가셨을 때, 나라가 망했을 때'라는 밑도 끝도 없는 '남자론'을 들어보지 않은 사람이 없을 것이다.

이 말을 듣고 '남자라면 응당 그래야지'라는 생각이 든다면 지금 당신의 정신건강은 장담할 수 없다. 아리스토텔레스는 "감정 절제의 목표는 균형이지 억압이 아니다… 필요한 것은 적절한 상황에 합당한 감정"이라고 했는데 안드로이드가 아닌 이상 인간은 감정을 인지하고 표현하고 적절히 이용하면서 살아가게 되어 있다.

광고인 이원홍은 "아주 작은 일에도 놀라움을 발견하는 사람, 놀랄 만한 일에도 무덤덤한 사람 그 사람의 앞날은 크게 달라질 것"이라고 말했는데 오늘날 우리가 겪는 직장 내 인간소외의 문제는 타인은커녕 자신의 감정조차 제대로 파악하고 다스리지 못하는 일종의 감정 불능증에서 비롯되었을 가능성이 높다.

그렇다면 감정이란 대체 무엇일까? 어떻게 만들어지고 어떻게 표현될까? 리사 펠드먼 배럿은 감정은 구성된다고 주장한다. 항간에 알려진 것(감정에 대한 전통적 견해)처럼 우리 내부에 감정의 지문이 있어서 온전한 감정을 이해하고 표현할 수 있는 능력을 타고 태어나는 것이 아니라 내외부로부터 받는 감각(내 수용)을 정동(유인성 valeence -쾌감 혹은 불쾌감/유인성, 흥분도 arousal 평온 또는 동요)으로 느끼고 이에 기반해 자신의 감정이 무엇인지 경험으로부터 학습하는 일련의 과정이라는 것이다.

리사의 연구에 따르면 막 태어난 신생아는 내외부의 자극으로부터 쾌감과 불쾌감에 해당하는 원초적 감정을 느낄 수 있지만 아동이 약 3세가 되기 전에는 분노, 슬픔, 공포 등에 관해 성인과 비슷한 감정 개념이 발달하지 않는다.

그녀는 또한 감정 입자도granularity라는 표현을 썼는데 복잡성이 높은 단어에 느낌을 대입할 수 있는 정도를 뜻한다. 감정 입자도가 높은 사람들은 그들의 감정 경험을 훨씬 잘 구분해낼 수 있다.

이를 테면 감정 표현에 있어 자신의 불쾌한 느낌(정동)을 오직 '짜증 난다'라는 표현으로만 일관하는 사람과 실망스럽다, 허탈하다, 기운이 빠진다, 격분했다 따위 구체적으로 구분된 다양한 표현을 할 수 있는 사람은 감성지능에 있어 큰 차이를 보인다는 이야기다.

이는 행동으로도 이어진다. 짜증으로만 일관된 감정은 상대로 하여금 어떻게 대응해야 할지 알 수 없게 만든다. 반면에 감정이 세분화된 사람들은 다르다. 분노라면 화를 풀어주고, 실망이라면 기운을 북돋아주고, 슬픔이라면 위로를 해주면 된다.

마크 브래킷은 정동과 감정 입자도를 활용해 유인성과 흥분도라는 두 축을 기준으로 분면을 나누고 그 정도에 따른 감정을 4개의 분면에 매핑화한 mood meter라는 것을 제시했다. 이를 통해 개별 상황과 맥락에 적합한 감정들을 세분화해서 볼 수 있다.

그는 또 감정을 현명하게 이용하는(인식하고 이해하며 이름 붙이고 표현하며 조절하는) 능력은 대인 관계, 건강, 성과의 수준을 결정하고, 감정이야말로 직장에서 작용하는 가장 강력한 힘이라고 강조했다.

이쯤에서 스스로에게 질문을 던져보자. 나는 내 감정을 얼마나 잘 이해하고 잘 구분하고 표현할 수 있는가? 이는 감정을 절제하고 속으로 삭이는 일과는 비교도 할 수 없을만큼 중요한 일이다. 자신의 감정을 정확히 인지하고 상황과 맥락에 맞는 적절한 표현으로 상대방에게 전달할 수 있다면 우리가 겪는 마음의 질병이나 소통의 문제는 급격히 개선될 것이다.

다만 예외는 분노의 감정이다. 분노는 분노를 낳는다. 부신피질 각성상태를 유도해서 편도체의 성마른 상태를 유지하고 분노의 문턱을 낮춘다. 이성에 의해 방해받지 않는 격분은 쉽사리 폭발로 이어진다. 즉 화를 낸다고 해서 그 화가 삭여지지 않고 불에 장작을 더 집어넣는 꼴이다.

분노의 감정을 담은 메시지는 어떤 식으로든 피하는 게 상책이다. 분노의 원인과 물리적으로 멀어진다든지 감정 표출의 방향을 달리 유도하는 것이다. '그래 뭔가 사정이 있었겠지.' 하고 이해해보려 하는 등 말이다. 관건은 격분으로 이어지기 전에 수를 써야 한다는 것이다. 그 순간을 참지 못하고 분노가 포함된 감정을 표출했다간 상대로 하여금 감정적인 인간이라는 낙인을 찍도록 만든다.

감정도 하나의 프로세스다. 내외부로부터 받은 감각에서 시작하고 내면의 신경망을 거쳐 감정의 종류를 스스로 결정한다. 화가 난 것인가? 놀란 것인가? 감동한 것인가? 그렇게 결정된 감정에는 목표가 생긴다. 화를 낼 것인가? 놀라움을 표현할 것인가? 감격을 보여줄 것인가? 목표가 생기면 곧 행동을 촉발한다. 화를 버럭 내거나, 놀라 주저앉거나, 기쁨의 눈물을 흘리거나. 구체적 행동으로 감정의 프로세스는 종결된다.

그저 북받쳐 오르는 감정을 억제하고 누르라고만 강제할 수 없는 이유다. 감정은 외부세계의 자극에 대한 수동적 반응이 아니라 스스로의 경험과 지식, 생각으로 구성해내는 능동적 과정의 결과물이다.

"좋은 것도 나쁜 것도 없는데, 생각이 좋거나 나쁘게 만들 뿐"이라는 햄릿의 유명한 대사는 감정의 주체가 누구인지 명확하게 암시하고 있다.

어떤 형태의 감정이건 무언가 속으로부터 북받쳐 오른다면 잠시 일시 정지 버튼을 누르고 심호흡을 통해 자신의 내면을 냉정히 돌아보라. 감정은 이전에 내가 겪은 경험과 지식의 총체적 조합으로부터 생기는 예측이다. 지금 느끼는 감정이 무엇인지 정확히 파악해야 행동의 오류를 줄일 수 있다.

화를 내지 않아야 하는 상황에 분노하거나 슬퍼야 하는 상황에 홀로 웃고 있다면, 그 일이 반복된다면 일상의 평범한 관계를 장담할 수 없을지도 모른다. 브래킷의 무드 미터를 활용해 아침마다 자신의 감정을 체크해보고 일과를 시작해보면 어떨까? 어려운 일도 아니다.

나이 값 하지 말라

"나이 값도 못한다." 이 말은 욕일까 칭찬일까?

요즘 같은 시대라면 칭찬에 가깝다. '나이 값 하라'라는 말은 각자의 나이에 맞는 행동규격이 있으니 그 테두리 안에서 벗어나지 말라는 무언의 압박이지 뭔가? 누가 가둔 것도 아닌데 이런 사회적 인식 속에 스스로를 가두고 그 안에서 빠져나오지 못하는 사람들은 또 얼마나 많은가? 나이가 들수록 유연해지지 못하고 고정관념 속에 사로잡혀 완고해지는 이유가 바로 이 망할 나이 값이라는 무형의 감옥 때문은 아닐까?

사회생활에서 나이 값이라는 개념은 안전을 추구하려는 생존 본능과 맞물려 수많은 사람들을 현재에 옭아매는 데 큰 역할을 했다. 인간이라는 존재가 본능적으로 변화를 거부하고 생존에 더 유리한 안전지대를 선호할 수밖에 없지만 그 결과 창의력은 바닥나고 성장은 멈춘 고만고만한 수준의 사람들을 양산하고 말았다.

세계를 휘어잡는 이름난 회사들을 보면 비즈니스 영역을 막론하고 어떻게 하면 더 기존의 관습에서 벗어날까? 어떻게 하면 컴포트 존에서 벗어나

MZ세대와 라떼 사장님이 함께 만드는 조직문화

새로운 도전을 장려할 수 있을까?에 미친 듯 몰두하는 다른 종족처럼 보일 지경이다.

그런 과정을 통해 그들이 얻는 보물은 바로 창의성이다. 말랑말랑하고 유연한 두뇌, 한계를 두지 않는 열린 마음에서 알알이 맺히는 탐스러운 열매 말이다. 나이 값과 세이프티 존에 갇힌 풍토에서 좀처럼 찾아보기 힘든 특산물 아닌가?

세계에서 가장 창의적인 조직은 어디일까? 누군가 나에게 묻는다면 나는 주저 없이 이 회사를 택할 것이다. 구글이냐고? 애플이냐고? 아니다. 픽사 Pixar다. 세계 최초로 컴퓨터 그래픽을 이용한 장편 3D 애니메이션 〈토이스토리〉를 만들었던 바로 그곳. 애니메이션이 아이들만을 위한 창작품이 아니라는 사실을 새삼 깨닫게 해줬고 수십 년간 셀 수 없는 명작들을 쉬지 않고 쏟아냈던 스토리텔링의 천국 말이다.

픽사는 스티브 잡스와도 관련이 있다. 그는 픽사의 투자자이자 창업자다. 파격과 창의성과 혁신의 대명사였지만 애니메이션은 자신의 전문분야와 완전히 다른 영역임을 인정하고 에드 캣멀과 존 라세터라는 두 동업자에게 전권을 주어 픽사만의 창의력을 꽃피우는 데 일조했다.

스티브 잡스가 말한 창의성이란 단순하다. 여러 개의 도트Dot를 연결하는 일. 서로 연관성이 없어 보이는 이질의 점들을 연결해 누구도 보지 못했던 기회를 찾는 일 말이다. 두 동업자인 에드 캣멀과 존 라세터는 그런 측면에서 적임자들이었다. 그 중에서도 디즈니의 스토리텔러였던 존 라세터는 단연 두드러졌다.

그의 책상 위에는 온갖 장난감이 진열되어 있고 늘 어린이와 같은 마음으로 유치해지기 위해 노력한다고 말한다. 유치한 그는 수많은 감동적 작품을 직접 만들어냈다.

말하는 장난감이라든지, 벽장에서 괴물이 나오면 어쩌나 하는 두려움 등 어린이들만이 가질 수 있는 동심을 잃지 않았기에 그 아이디어에서 기반한 〈토이스토리〉, 〈몬스터 주식회사〉 같은 명작들이 운명적으로 탄생했다.

어린 시절 나는 만화를 좋아하는 어린이였다. 용돈을 모아 야금야금 만화책을 사모으고, 몰래 숨어서 보다가 아버지에게 걸려서 집안 전체가 뒤집어진 일도 있었다. 지금 생각해보면 그 시절 어른들은 왜 그렇게 만화에 안 좋은 인식을 가졌는지 모르지만 그때 두근거리며 넘기던 만화 한 컷 한 컷의 장면들은 여전히 내 기억 속에 남아 상상력과 가슴 뭉클한 감성을 자극한다.

지금의 내가 창의적인 사람인가라고 누군가 물었을 때 자신 있게 '그렇다'라고 할 수는 없지만 그 시절부터 알게 모르게 마음에 품었던 무언가 새로운 것을 만들어 내고 싶은(이야기 중심으로) 욕망은 회사라는 조직에 있으면서도 지속적으로 새로운 시도를 하게 만들었다.

공익광고 공모전에 참가하고자 그래픽 툴을 배우고 작품을 만들어 출품하기도 했고 소설을 써서 공모에 응하기도 했다. 물론 이렇다 할 결과를 손에 쥔 적은 없지만 그런 시도는 일에 있어서도 큰 도움을 줬다.

틀에 박혀 이전에 하던 식으로 진행하던 프로세스를 완전히 바꿔 보기도 하고, 외부 컨설팅을 찾아 제안을 받고 의견을 듣고 시작하던 조직문화나 교육 관련 프로젝트도 우리 식대로 해보면 어떨까? 라는 생각으로 손수 진행하곤 했다.

나이 값 하라는 말은 일종의 폭력이다. 누군가에겐 보물이나 다름없는 유년 시절의 감성과 감정들을 포기하고 40대 혹은 50대에 걸맞다고 누군가가 짜 놓은 사회적 대본에 맞춰 일사불란 한 가지 모습으로 살라는 강요에 다름 아니다. 철이 들었다는 말은 부정과 긍정을 모두 내포한다. 이상을 잃고 현실을 알았다는 뜻이기 때문이다.

누군가 나이 40이 넘어 대학생들이나 참여할 법한 광고공모전에 제출할 광고를 만들고 소설을 끄적이고 있다면 사람들은 뭐라고 했을까? 나이 값 해야죠. 지금 그거 할 때야? 철 좀 들라고 하지 않았을까?

약간의 경로 이탈에도 제재를 가하고 나이 값 하라는 말로 면박을 준다면 우리의 뇌는 어떻게 말랑말랑해질 수 있을까? 이는 어떤 불편도 감수하지 않겠다는 듯 현실에 안주해 가늘고 길게 버티는 일에 올인 하는 현대 직장인들의 모습과도 일맥상통한다. 우리는 불편을 잘 견디지 못한다. 직장생활을 하며 안전주의, 보신주의에 빠져 가늘고 길게 가려는 습성은 바로 이런 욕망에서 기인한다.

오죽하면 한창 꿈꾸고 도전하고 열정으로 들끓어야 할 아이들의 선호 직업에 공무원이 상위권에서 빠지지 않을까? 자신들이 그어 놓은 컴포트 존 안에 좁은 몸을 구겨 넣고 이불 밖은 위험해 라는 심정으로 조심스럽게 하루하루를 살아가는 청춘들 앞에 놓인 미래는 결국 어떻게 다가올까?

고유성과 정체성 유연함을 모두 잃어도 좋으니 그저 붙어 있게만 해달라는 가녀린 외침만 덩그러니 남아 일말의 변화와 창의적 역동성을 완전히 상실한 채 굳어 버린 존재. 죽은 것과 무엇이 다를까?

말랑말랑해져야 한다. 메타포에 능해야 한다. 전혀 디른 영역에서 연관성, 공통점을 찾아내는 통찰은 유연한 사고방식에서 나온다. 다른 관점에서 들여다볼 줄 알아야 한다. 그러려면 나이 값 하라는 말은 넣어두라. 철 들라는 말도 넣어두라. 컴포트 존에서 짓쳐 나와 새로운 도전 앞에 몸을 맡겨라. 조금 흔들려도 괜찮다. 노선에서 벗어나도 안 죽는다.

우리 주변의
소소한 소시오패스

　소시오패스에 대해서 얼마나 알고 있을까? 피도 눈물도 없는 잔혹한 범죄자. 시체를 토막내는 연쇄살인범. 영화나 뉴스 등을 통해 알려진 이미지가 워낙 강렬한 탓에 머리에 뿔난 악마적 존재 정도로 인식하고 있지는 않은가?

　소시오패스는 공인된 용어도 아니고 정식병증으로 분류된 병명도 아니다. 정신분석 진단 및 통계 편람 5DSM-5에 따르면 '반사회적 인격장애'라는 B군 인격장애의 일종으로 취급되지만 여전히 밝혀야 할 비밀이 많은 미지의 개념에 가깝다. 모든 소시오패스는 반사회적 인격장애를 가지고 있지만 모든 반사회적 인격장애가 소시오패스라는 말은 아니다.

　이렇다 보니 소시오패스에 대한 부정확한 정보와 오해도 상당하다. 이보다 먼저 알려졌고 더 대중적인 사이코패스와는 또 어떤 차이가 있을까? 흔히 선천적인 영향이 크면 사이코패스, 후천적인 영향이 크면 소시오패스로 분류된다고 알려져 있지만 이마저도 사실과는 거리가 멀다.

　두 개념 모두 뇌의 결함을 포함한 신경생물학적 요인에서 기인한 인격장애에 가깝지만 자라온 양육 환경이나 문화 등 사회적 영향력 측면에서 이 현상을 보는 사회학자나 심리학자들은 소시오패스(사회병질자), 신경생물학적 관점에서 이 현상을 보는 정신의학전문의나 뇌과학자들은 사이코패스(정신병질자)를 선호할 뿐이다.

미국 하버드대 정신의학과 교수이자 심리학자 마사 스타우트에 따르면 반사회적 인격장애 요인을 가진 이들은 인구통계학 상 약 4%의 비율로 우리 주변에 존재한다. 이 4%라는 비율이 묘하다. 그렇게 많은 수준은 아닌가 싶다가도 우리나라 인구 5천만에 대입해 보면 약 200만이라는 숫자가 나온다.

요즘 중고등학교 학급당 학생 수가 25~30명 수준인 사실을 감안하면 적어도 1명의 소시오패스(사이코패스) 인자를 가진 학생이 포함되었을 가능성을 암시하는데 이는 결코 적은 숫자가 아니다.

소시오패스를 한마디로 정의 내리기는 쉽지 않지만 대체로 '양심이 결여된 상태로 반사회적 성향을 가진 사람'이라는 데 의견이 모인다. 양심의 유무는 일반인과 소시오패스를 구분하는 결정적 특징으로 마사 스타우트는 양심을 '타인과의 감정적 애착을 형성하는 과정에서 만들어지는 의무감'이라고 정의했다.

이들의 선천적 결함은 감정의 관문 역할을 하는 편도체를 포함한 대뇌변연계와 감각 신호를 해석해 감정으로 인식하는 대뇌피질 부변연계 사이의 연결회로가 알 수 없는 이유로 배선되지 않은 채 정상적으로 작동하지 않음을 의미한다.

이들의 뇌를 fMRI(기능적자기공명영상 functional magnetic resonance imaging)로 스캔해보면 사랑, 엄마, 죽음과 같이 감정을 포함하는 단어를 볼 때 일반인이 반응하는 감정의 영역이 아닌, 논리연산을 담당하는 좌뇌영역이 활성화됨을 확인할 수 있다. 마치 특정 색을 볼 수 없는 색맹이지만 글이나 다른 사람의 설명을 통해 '이런 색이구나' 가정하는 것과 같다. 가사는 알고 소리는 들리지만 음악을 모르는 상태와도 같다.

양심을 가시광선의 스펙트럼에 가정해본다면 일반인들은 강하든 약하든 스펙트럼 안에서 움직인다. 그러나 소시오패스는 가시광선 밖의 영역 이를 테면 적외선이나 자외선 영역에 존재하는 전혀 다른 형태의 종족인 셈이다. 양심 자체가 없으니 있지도 않은 가책을 느낄 이유가 없다.

이들은 대체로 우리의 모습을 하고 우리의 말과 행동을 연기하며 우리 주변에 존재한다. 앞서 언급한 극악무도한 악마적 존재는 극히 일부에 불과하지만 이들이 주변에 섞여 살며 극단의 범죄에 이르지 않는 이유는 오직 들키면 자신에게 유리하지 않다는 사실을 영악하게 인지하기 때문이다.

실제로 이 분야의 세계적 권위자인 브리티시컬럼비아 대학교 심리학자 로버트 D. 헤어 박사의 연구에 따르면 미국의 범죄자 중 소시오패스(사이코패스)의 비율은 전체의 약 20%에 불과하다. 이를 살인, 강도 등 5대 흉악범죄로 좁히면 그 비율이 50%로 치솟지만 그럼에도 전체 인구에 대비해보면 대다수의 소시오패스는 자신의 본질을 숨기고 정상인처럼 연기하며 그 틈에 섞여 살아가는 셈이다.

나는 개인적으로 소시오패스(사이코패스)를 '이성을 가진 포식자'라고 정의한다. 들판의 초식동물을 바라보며 입맛을 다시지만 섣불리 사냥했다가는 법과 도덕이라는 사회적 규율에 걸려 문제가 생긴다는 사실을 알고 있는 하이에나와 같은 존재, 이들에게 약자란 보호해야 할 대상이 아니라 손쉬운 먹잇감에 불과하다.

별다른 검증 절차가 없다면 이들은 우수한 이성지능만으로 회사에 수월하게 들어온다. 영악한 머리로 주변의 사람들을 관찰하고 흉내내며 평범한 척 자신을 숨기지만 결정적 순간 포식자의 습성을 드러낸다. 이익과 관련된 일에 있어 법과 규칙의 경계선을 위태롭게 넘나들며 어떻게든 자신에게 유리한 쪽으로 결과를 내는 데 선수들이다.

이런 저런 단서에도 불구하고 이들을 찾아내고 검증하기는 결코 쉽지 않다. 이들을 오래 연구한 학자들조차 섣불리 낙인 찍고 단정하지 않는다. 그럼에도 이들에 대한 관심을 놓지 않고 지켜봐야 하는 이유는 언젠가 한 번쯤은 마주칠 수밖에 없는 현실 그 자체이기 때문이다.

피도 눈물도 양심도 없는 사회적 포식자들에게 걸려든 피해자들은 일생에 다시없을 지옥의 고통을 겪는다. 이유도 모른 채 이용당하고 인생의 한 지점이 철저히 파괴된 후에야 나오는 다른 종족을 만났음을 깨닫게 된다.

타인의 아픔, 손실, 슬픔 따위에 아랑곳하지 않는 극단적 결과지향주의자를 발견했다면 주의 깊게 관찰해볼 필요가 있다. 이들은 양심, 즉 타인에 대한 애착과 그로부터 생기는 의무감과 책임감이 결여된 소시오패스일 가능성이 농후하다.

이외에도 이들을 일상에서 구분할 수 있는 몇 가지 결정적 단서가 있다면 동정 연기에 능하고 복수를 유예하는 습성을 가졌다는 것이다. 높은 감성지능을 가진 사람들은 이들의 동정 연극에 넘어가기 쉽다. 이들의 복수를 유예하는 습성, 즉 자신에게 해를 끼치면 마음에 담아뒀다가 어떻게든 해코지를 하는 특성은 감성지능이 높은 사람들이 가진 정반대의 특성, 현재의 만족을 유예하는 특성과 정확히 대비된다.

이들의 연기는 마음에서 우러나온 본질이 아닌 머리로 배우는 것이기에 조금만 관심을 기울이면 어떻게든 티가 난다. 일상의 대화 중에 상식의 범위를 벗어난 반응을 보인다든지, 일을 하는 데 있어서 어떻게든 결과가 자기에게 유리하도록 머리를 굴린다든지, 타인에 대한 정당한 비판을 넘어 인신공격으로 이어진다든지 무언가 선을 넘고 튀는 지점이 '재채기'하듯 포착되게 마련이다.

학자들은 오늘날 수많은 기업의 CEO들이 그런 과정을 거쳐 정상에 오른 성공한 소시오패스 들일지도 모른다고 단언한다. 오직 성장만이 정답이던 시절, 결과만 좋다면 과정상의 부작용쯤이야 대수롭지 않게 여기던 문화가 이들을 성공한 경영자로 키워왔다.

양에서 질, 결과에서 과정, 도구에서 인간 그 자체로 패러다임 시프트 되는 변곡의 시점에서 이들은 더 이상 성장을 위한 사회악으로 용인될 수 없게 됐다.

감성지능을 어떻게 강화하고 활용할 것인가의 문제를 넘어, 공감 능력은 물론 양심도 없는 이 포식자들을 어떻게 효과적으로 검증하고 걸러낼 수 있을까?

당신 회사의 미래는 이 질문의 답에 달렸다고 확신한다.

아몬드를 부탁해

《아몬드》라는 소설은 대형 베스트셀러다. 감정을 느끼지 못하는 소년의 성장소설로 한동안 이슈의 중심이었다.

아몬드는 공감과 감정, 정서 생성의 관문으로 알려진 아그마달라 Amygdala, 편도체의 별명이다. 주인공 윤재는 선천적으로 편도체에 문제를 갖고 태어나 감정 이입을 하지 못하는 알렉시티미아(Alexithymia 감정표현 불능증) 라는 병을 앓고 있다.

감정을 느끼지 못하는 것이 무슨 문제인가? 싶겠지만 감정을 느끼고 해석하는 시스템이 파괴된 사람이 관계에 어떤 문제를 일으키는지는 앞서 소시오패스를 탐구하며 살펴봤다. 타인은 물론 자신의 감정마저 제대로 인지하고 해석하지 못하는 사람들이 정상적인 관계를 만들고 유지할 수 있다고 믿기는 어렵다. 여기에 양심의 결여까지 더해지면 우리가 끔찍해 하는 악마적 존재를 마주하게 되는 것이다.

소설 속 주인공 선재는 크리스마스 이브 저녁 엄마와 자신을 돌봐 주던 할멈을 눈앞에서 잃는다. 이른바 묻지마 살인에 휘말려 소중한 두사람이 피를 흘리며 스러져 가는 모습을 목격하고도 별다른 감정을 느끼지 못하고 무덤덤함으로 일관하며 독자들에게 충격을 줬다.

사건 이후 주변 사람들의 도움으로 엄마가 운영하던 헌책방을 운영하며 살아간다. 또래 친구 곤이, 도라 등과의 관계를 통해 선재는 서서히 변화한다. 모든 일에 무덤덤하던 선재가 곤이를 불량배들의 소굴에서 구해내고, 급기야 식물인간 상태였던 엄마가 기적적으로 깨어나면서 눈물을 흘리는 장면은 감정을 느낄 수 있게 된 선재의 긍정변화를 암시하면서 이야기는 끝난다.

뇌의 기능 결함으로 생긴 감정표현 불능증이 주변의 도움과 긍정적 관계를 맺음으로써 회복될 수 있느냐의 문제는 어디까지나 의학, 과학의 영역이고 실현 가능성이 극히 낮다는 논란을 부를 여지가 크다. 그러나 오늘날 현대인들이 집단으로 겪는 감성, 감정 결핍의 문제를 아몬드라는 메타포로 상징화해 풀어냄으로써 이성이 아닌 감정정서가 인간 사회에 얼마나 중요한지 일깨웠다는 점에서 충분히 긍정적이라고 믿는다.

알렉시티미아 외에도 디세미아dyssemia라는 증상이 존재하는데 이는 조금 더 현실적이다. 원활한 상호작용을 이끌어내는 비언어적 신호를 읽어내지 못하고 그에 맞는 행동도 못하는 상태를 뜻한다. 실패나 좌절을 통해 학습도 되지 않는 센스 결핍의 특성을 가진다.

한마디로 사회적 지능이 떨어져 눈치코치도 없고 맥락 파악을 못해 무엇이 잘되고 잘못되고 있는지를 도무지 캐치해내지 못하는 사람들이다. 이들은 악의를 가지고 일부러 관계를 망치거나 누군가를 괴롭히지는 않지만 자신의 실수를 미처 깨닫지 못할 정도로 무능해 주변을 힘들게 한다.

이들은 종종 선의를 가장한 나쁜 행동들을 한다. 상대가 기분 나빠하

거나 이의를 제기하면 좋은 뜻으로 한 건데 이럴 수 있느냐?고 오히려 방방
뜬다.

현역 때의 일이다. 어느 날 사내게시판에 징계공고가 떴다. 직장 내 괴
롭힘으로 인한 징계 건이다. 무심코 가해자의 이름을 확인하고 깜짝 놀랐
다. 1년 6개월짜리 현장 리더 육성 과정의 참여 멤버였다.

멤버를 선정할 때 3개년 평가 결과는 물론이고 현장 리더와 구성원들의
추천을 받아 심혈을 기울여 뽑아 나름 자부심속에 순항 중인 상황에서 날
벼락 같은 일이었다. 현장의 모범이 되지는 못할 망정 괴롭힘의 가해자라니.
비록 구두경고에 그쳤지만 버젓이 징계를 받은 대상자에 대한 추가 조치가
반드시 필요해 보였다.

먼저 징계 담당자를 만나 자초지종을 물었다. "아 이게 좀 애매합니다.
뭐 대놓고 작정하고 괴롭혔다기 보다는… 가해자 본인은 원래 후배들을 대
하던 대로 친동생처럼 대하면서 술도 사주고 쓴소리를 좀 강하게 한 것뿐인
데 피해자가 이걸 과하게 느꼈나봐요."

나는 당사자를 직접 불러 사실 관계를 정확히 확인코자 했다.

"제 잘못이죠. 그렇긴 한데, 억울한 마음도 있습니다."

평소 싹싹하던 모습은 간 데 없고 그간 마음 고생이 심했는지 헬쑥한 얼
굴로 울먹이기 시작했다. 징계 담당자에 들은 대로 자신은 신입을 가족처럼
친동생처럼 대하며 술도 사주며 친밀하게 대했을 뿐인데 이렇게 과하게 반
응할지 몰랐다는 것이다.

정말 그것뿐이었을까? 피해 당사자를 불러 양측의 이야기를 저울질해봐
야 더 정확하겠지만 이미 조사가 완료되고 징계까지 나온 마당에 새삼 들쑤

실 이유는 없었다.

결론을 내려야 했다. 그의 말이 100퍼센트 사실이라고 해도 받아들이는 사람의 입장에서는 어떨지 알 수 없다. '우리는 가족'이라는 일방의 선의가 누군가에겐 압력이고 부담이 될 수 있다는 사실을 알았다면 상대의 감정을 면밀히 살피고 그에 적절한 대응을 했어야 옳다. 이는 사실관계를 완전히 파악하지 않더라도 충분히 알 수 있는 사실이다.

서로의 마음과 감정이 일치해야 선의는 비로소 선의가 된다. 그럼에도 불구하고 이 면담을 통해 과정을 계속 함께 하기로 결정했고 다시 한 번 기회를 줬다. 악의가 없었고, 이 일을 통해 일방적 감정 표현이 어떤 문제를 일으키는지 깨닫게 되었다는 고백을 믿기로 했기 때문이다.

그러나 계속 관심을 두고 관찰하기로 했다. 알렉시티미아, 디세미아 증세처럼 병적으로 공감능력을 상실한 경우가 아니라도 주변의 습성에 관습에 분위기에 휩쓸려 얼마든지 공감력을 일시적으로 상실할 수 있기 때문이다.

누구나 한 번은 실수할 수 있다. 다만 이런 지적이 있은 후에도 같은 일이 반복되거나 그저 자신만 억울할 뿐이라고 하소연한다면 달리 생각해봐야 한다. 진심으로 상대의 입장에서 생각해보는 감정이입, 즉 공감 능력이 선천적으로 결여된 사람일 가능성이 있기 때문이다.

아몬드는 알고 있다.

이 시대의 흔한
마 부장들

한 팀장이 말했다. "나는 '마음의 거리'로 평가해." 놀랍게도 그냥 하는 말은 아니었다. 실제 그 말을 행동으로 옮겼으니까. 개인적으로 가까워 보이는 특정인이 최고 등급을 연달아 받았다. 또다시 놀랍게도 이는 엄연히 이론적인 근거가 있다.

LMX_{Leader Member eXchange theory} 리더-구성원 교환 이론이란 것인데, 집단 내 부하직원들을 비교한 후 집단에 공헌도가 높거나, 능력이 있거나, 리더와 부하 간의 욕구가 맞는 등 서로의 동질성이 있는 집단을 내집단_{within-group}으로 분류하고 나머지 집단을 외집단_{between-group}으로 분류하여 리더가 각각 다른 영향력을 행사하는 리더십 형태를 말한다.

소수의 내 집단 구성원들은 신뢰할 수 있는 추종자_{follower}로 간주하여 직무기술서에 명시된 내용 이상의 업무와 직무를 담당하게 되며, 반대로 낮은 수준의 교환관계를 갖는 구성원은 단순한 고용인으로 간주되어 직무기술서 상의 한정된 업무만을 담당하는 사무적인 관계가 된다.

쉽게 말하자면 공적이든 사적이든 마음의 거리가 가까우면 '내 사람', 마음의 거리가 멀면 '내 사람이 아닌 사람'으로 나눠 차별한다는 말이다. 굳이 이론을 찾아볼 필요도 없이 이러한 차별은 연말 평가 시즌이 되면 이 팀 저 팀에서 속속 확인할 수 있다.

'이왕이면 다홍치마' '팔은 안으로 굽는다'라는 속담이나 격언이 괜히 오랜 시간 생명력을 유지하는 것이 아니다. 인간인 이상, 자신과 잘 맞고 서로 가까운 사람에 더 끌리는 것은 인지상정이다.

애초에 회사 조직에서 일 하나만으로 사람을 평가할 수는 없는 노릇이다.

공과 사를 칼처럼 뚝 끊어서 '모 아니면 도' 식이 아니라면 리더와 부하 직원 사이의 돈독한 연결은 분명 좋은 호흡으로, 팀십으로 이어져 강력한 시너지를 낼 수도 있으니 말이다. 이 자체를 도무지 인정할 수 없다면 홀로 일하는 프리랜서를 하면 된다.

문제는 그 정도가 과할 때 생긴다. 어느 정도의 LMX를 감안하더라도 유독 자기 사람과 아닌 사람을 눈에 띄게 차별하는 리더들이 있다. 제삼자의 입장에서 그 차별이 눈에 띌 정도라면 외집단에 속한 사람들의 박탈감은 문제를 일으킬 소지가 크다.

현장 리더 M은 두 얼굴을 가진 사람이라고 불렸다. 자신의 눈에 든 직원들에게는 마치 친언니나 친구처럼 스스럼없이 잘해주지만, 눈 밖에 난 직원에게는 신데렐라나 콩쥐의 계모처럼 굴기를 서슴지 않았다.

외집단으로 분류된 직원들은 거듭된 리더의 부당한 대우에 속앓이를 하다 타 부서로 전근을 요청하거나 최악의 경우 그만두는 경우가 빈번했다.

반면 내집단에 속한 지원들은 외집단 구성원들의 부당한 대우를 알아차리지 못하거나 알아차리더라도 자신에게 미칠 영향을 고려해 입을 다무는 식으로 외면했다.

신입사원을 뽑을 때도 M은 자신이 출강을 나가는 것으로 알려진 학교 출신의 지원자에게는 어떤 식으로든 가산점을 주었다.

결국 회사 내에는 파벌이 생기고 뒷말이 무성하게 퍼져나갔다. 자기 사람에게만 잘하는 극단적 LMX의 사례는 리더-구성원 간 호흡, 팀십을 긍정적으로 발전시키기보다는 불안과 불신을 조성하고 편 가르기 정서를 부추겨 결국 조직 전체에 부정적 영향을 끼쳤다.

이런 리더를 발견하면 어떻게 해야 할까? 선택적 공감 혹은 선택적 알렉시티미아의 습성을 보이는 리더 말이다. 누군가 이 부분을 정확히 지적하고 문제를 제기하지 않으면 자신만의 왕국을 세울 기세로 내집단 외집단 가르기는 절정으로 치닫게 된다.

드라마 〈미생〉에서 마 부장은 임원으로 승진하기 위해 휘하 팀 중 자원 3팀을 백업으로 정하고 공들여 키워왔다. 이들에게 돋보이는 프로젝트를 밀어주고 성과를 내는 식으로 임원으로 가는 물밑작업을 차근차근 진행해왔다.

그러던 중 본사에서 공모한 대규모 프로젝트에 자원 2팀 신입사원 안영이의 기획안이 선택을 받게 되자 이를 축하하고 격려해주기는커녕, 3팀이 밀려난 사실에 못마땅해한다.

"본사 애들이 뭘 알아? 안영이 네가 못하겠다고 해."

결국 마 부장은 안영이를 불러 노골적으로 기획안을 포기하라는 압력을 넣고 안영이는 괴로워한다. 마부장은 손꼽히는 대기업 원인터의 에이스 부서장이다.

우리 일터에는 이런 일들이 사실 비일비재하다. 자신의 이익을 위해 동료, 부하직원의 마음이나 희생쯤 아랑곳 않는 감정불능자들이 제재를 받거나 조직에서 배제되기는커녕 어떻게든 결과를 만들어내는 능력을 인정받아 요소요소 올라앉아 있다.

다른 사람들의 고통은 아랑곳없이 나는 잘 보였으니 됐어 라며 희희낙락 하는 사람이 있다면 조심하라. 유유상종이다.

의심의 여지 없이 극단적 LMX 편 가르기는 자기 자신은 물론 조직 전체에 크나큰 해악을 끼친다. 어찌어찌 왕조를 만들었다 해도 왕의 남자, 여자들이 득세해서 잘된 왕조를 보지 못했다.

Environment

세 번째 MEET은 일하는 환경, 곧 Environment에 대한 이야기다.

"사람이란 나무와 같소, 당신도, 버찌가 열리지 않는다고 무화과 나무와 싸우지는 않겠지?"

조르바는 말했다. 공교롭게 똑 닮은 속담이 있다. '콩 심은 데 콩 나고 팥 심은 데 팥 난다.' 이 속담을 모르는 사람이 있을까? 혹은 그 의미를 모르는 사람이 있을까?

회사 생활을 하다 보면 이 당연한 진리를 거스르려는 사람들이 눈에 띈다. 애초에 무엇을 심을 만한 토양도 정비하지 않고 그 척박한 환경 속에서 풍작을 바라는 회사의 경영진들 말이다.

회사에서의 환경은 크게 두 가지로 나눠 볼 수 있다. 실제 일하는 데 필요한 물리적 환경과 심리적 안정감을 주는 정서적 환경.

물리적 환경이란 유무형의 근무 공간 그 자체다. 이왕이면 좋은 시설, 좋은 환경에서 일하고 싶은 것이 인지상정이다. 하루 8시간 이상을 보내는 곳인데 이왕이면 쾌적한 최신 시설에서 일할 수 있다면 아무래도 득이다. 마이너스가 될 일은 없다.

두 가지 그림을 그려보자.

최신식 사무실에서는 산소 음이온이 나오고 잔잔한 클래식 음악이 흘러나온다. 프라이버시가 지켜지는 내 자리에는 나만의 잇템들로 장식되어 있고 오롯이 내 일에만 집중할 수 있다. 특급 호텔 쉐프 출신 조리장의 솜씨로 삼시 세끼 제공하는 카페테리아에 원두커피가 기본 제공되는 휴게실은 쾌적하기 그지없다. 본연의 일을 방해하는 일들은 철저히 통제되고, 도전을 장려하고 실패해도 격려를 받고, 자신의 의견을 자유롭게 이야기하고도 누군가에게 찍힐까? 두려움이나 걱정 따위는 없다.

창문 하나 없는 폐쇄된 공간은 숨이 막힌다. 구내식당은커녕 점심식대로 급여에 포함된 돈은 고작 10만 원이다. 오른 물가를 감안하면 한 끼를 먹기에도 부담스럽다. 1평 남짓 탕비실에는 믹스 커피로도 감지덕지다. 사무실은 생동감이라곤 찾아볼 수 없으며 회의에서는 윗사람들만 말하고 팀원은 수시로 바뀐다.

당신은 어떤 환경에서 일하고 싶은가? 이왕이면 물리적 환경이 잘 갖춰진 곳에서 일하고 싶을 것이다. 물론 물리적 환경이 잘 갖춰졌다고 해서 업무성과도 자연히 좋아진다는 보장은 없다. 단지 '그것'만으로 일하고 싶은 마음이 마구 솟아나지는 않는다는 말이다. 좋은 것도 한두 달이다. 그 다음부터는 그저 당연한 것으로 여겨진다. 그럼에도 불구하고 쾌적한 물리적 환경이 일의 몰입에 부정적일 이유는 조금도 없다.

정서적 환경은 숨 쉬어야 할 대기와 같다. 사무실에만 들어오면 머리가 아프고 가슴이 답답하고 뭔가 죄어오는 느낌이라면 어서 이곳을 벗어나 마음의 여유가, 즐거움이, 행복감이 가득한 곳으로 떠나고 싶어질 것이다.

아무리 회사에서 돈을 많이 주고 최신 시설을 쾌적하게 갖춰 놨어도 상사, 동료의 관계에서 질식할 것 같은 분위기라면 돼지 목에 진주 목걸이다. 쾌적한 휴게실을 갖추고 마사지 기구를 갖다 놓는다고 해결될 일이 아니다.

정서적 환경은 심리적 안정감에 영향을 미친다. 리더를 포함한 주변과의 관계, 소통, 자신에게 직간접적 영향을 미치는 제도와 시스템이 그 중심에 있다. 심리적 안정감을 한마디로 정의해 보자면 "우리라는 강력한 소속감을 바탕으로 어떤 말과 행동을 해도 안전하다는 느낌을 받는 것"이다.

무슨 말을 하기 전에 "이래도 되나?" "이런 말을 하고 나는 무사할까"라는 생각이 들지 않도록 만드는 일이다.

물론 기준과 규칙은 있다. 어떤 말이나 다 해도 된다고 해서 상대방에 대한 인신공격이나 상식 밖의 이야기를 무한정 허용해주어야 한다는 뜻도 아니다. 물론 정당한 비판과 인신공격을 포함한 비난이 어디까지인지 잠정적 합의나 원칙은 있어야 하지만 일반적으로 사회생활에서 통용되는 범위를 벗어나 당사자를 제외하고 모두를 불편하게 하는 발언과 행동은 마땅히 제재되어야 할 것이다.

심리적 안정감은 결국 실패에 대한 두려움을 제거해주는 데서 온다. 책임을 온전히 개인에게 씌우고 환경이나 리더, 제도는 문제없다는 식의 사후 과정들이 심리적 안정감 형성에 큰 영향을 미친다.

물리적 환경이 발을 디디고 서는 땅과 같다면 심리적 안정감은 대기와 같다. 지진 나듯 흔들리고 쩍쩍 갈라지고 자갈밭과 바위투성이 같은 곳이라면 이곳에 뿌리를 내린 생명체는 자신의 소임을 다할 수 있을까?

산소가 부족하고 이산화탄소가 가득해 질식할 지경이라면, 어서 빨리 이곳을 탈출해 숨 쉴 공간을 찾아야겠다고 느끼는 장소라면 그곳에서 자신을 갈고 닦고 집중하고 무언가를 만들어낼 수 있을까?

어쩌면 우리는 콩을 심느냐 팥을 심느냐의 문제에 정신이 팔려서 정작 그것을 심는 환경에 대해 잊고 있었는지 모른다.

먼저 척박한 땅을 비옥하게 만들고 질식할 것 같은 대기를 순환시켜 의도한 모든 작물이 잘 자라도록 만들어 둔 다음, 콩을 심든 팥을 심든, 버찌를 심든 해야 한다.

구글처럼이
답은 아냐

"우리도 파티션 다 없애고, 구글이니 페이스북이니 이런 회사들처럼 창의적인 업무 환경 한번 만들어 봅시다."

난데없는 상무의 지시에 주간 미팅 참석자들 얼굴이 뜨악해졌다.

"회의실도 좀 바꾸고, 거 뭐냐 업무집중공간? 다른 회사 이야기 들어보니 그런 것도 한다던데, 총무팀장이 레이아웃 그려서 개선안 좀 가지고 와 봐요."

"갑자기요?"

"시대가 시대니만큼 우리도 뭔가 바꾸고 있다는 것을 보여줘야. 할 거 아닌가?"

예, 어련하시겠습니까? 이제야 상무의 속마음이 튀어나왔다. '내 고객은 사장님'이라고 당당히 커밍아웃 했던 사람인 만큼 자신의 최대 고객에게 업무 환경 개선이라는 실적을 보여주고 싶었던 게다. 그래도 추진력 하나만큼은 알아주던 사람이라 말이 나온 즉시 업무환경 개선 프로젝트는 뚝딱뚝딱 진행이 되었다.

연말 조직 개편으로 사무실 레이아웃을 뜯어 고치고 전 구성원이 대대적인 이사를 한지 꼭 3개월 만이었다. 연초 옮긴 자리에 채 적응도 되기 전에 또 이삿짐을 싸야 하는 구성원들의 속마음이 어떨지 짐작이 가고도 남았다.

영혼 없는 경영진들이 가장 많이 하는 짓이 이런 보여주기다. 그중 가장 요란한 것이 멀쩡한 사무실 환경 때려 부수기다. 어디서 본 것은 있어서 공유 오피스, 집중 업무 오피스 등을 거론한다. 효과가 있는지 없는지 검증은 중요하지 않다.

상무의 지시대로 책상의 파티션은 모두 사라지고 서로서로 얼굴을 마주 보게 됐다. 얼굴을 살짝 돌리면 옆 사람과도 금세 눈이 마주친다. 임원실은 벽을 투명하게 처리해 상무의 시선 반경에 위치한 사람들은 그야말로 죽을 맛이 됐다.

프레데리케 파브리티우스는 "외향적인 직원들은 새로운 디자인을 아주 좋아했지만, 내향적인 사람들에게 그런 구조는 살아있는 악몽과 다를 바가 없었다. 거의 순식간에 내면에 집중하는 직원들은 방어적으로 자신의 성향에 맞게 주변 환경을 바꾸기 시작했다"라고 말했는데, 각자의 성향을 고려하지 않은 일방적 결정은 오히려 역효과를 일으킨다는 사실을 증명했다.

공사 종료 후 주간 미팅에서 총무팀장은 기존에 있던 물건을 재활용해 예산을 대폭 아꼈다며 뿌듯해했다. 상무는 잘했다며 고개를 주억거렸다. 물론 예산을 아껴 효율적으로 비용을 쓰는 일은 바람직하지만 어떤 목적을 위해 책정해둔 예산을 무조건 아끼기만 하는 것도 능사는 아니다. 돈을 얼마나 아꼈느냐가 핵심이 아니라 최초 목적이 달성되었느냐가 중요한 것이니까.

아! 최초 목적이 '창의적인 업무 환경 개선'이 아니라 상무의 '실적 하나 보태기'였다면 총무팀장은 일을 제대로 해낸 것이다. 결국 총무팀장은 연말 평가 S를 받을 것이다. 상무 역시 자기 평가에 '창의적 업무 환경 개선'이라는 실적을 써 놓고 스스로 100점 만점을 주었을 것이다.

사무 공간의 개선으로 일의 효율은 정말 좋아졌을까? 데이비드 이글먼의 이야기를 들어보자. "…페이스북에 근무했던 어떤 사람은 이렇게 불만을 터뜨렸다. 무료음식과 음료는 잊어라. 사무실은 끔찍하다. 커다란 방에 피크닉 스타일의 테이블이 줄지어 늘어서 있고 사람들은 15cm 정도의 여유를 두고 서로 어깨를 맞대고 앉아 있다. 사생활은 아예 없다."

EPL급의 축구전용 구장을 갖췄다는 이유만으로 K-리그 선수들이 EPL 수준으로 기량이 늘지 않는다. 구글, 페이스북을 흉내내면 그들을 조금이라도 따라갈 수 있다고 믿는 모양이다. 공유 오피스를 만들고 파티션을 들어내면 모두가 친밀도를 높이고 알아서 수평적 문화가 생기고 창의적으로 생각할지 모른다고 믿는 모양이다. 이도저도 아니라면 그저 따라하기를 하고 싶은 것일지도 모른다.

공유 오피스의 이미지는 그럴 듯하다. 지정된 자리 없이 크롬북 하나 들고 다니면서 클라우드에 접속해 자유롭게 일하는 모습은 이상적으로 보여지기도 한다. 다만 실제 이용자들의 말을 들어보면 불편함을 토로하는 사람도 만만찮다.

본질은 ROWEResult Only Working Environment이다. 성과만 낼 수 있다면 여긴들 서긴들 무슨 문젠가? 라는 본질을 담고 있다. 이제는 공유 오피스를 넘어 아예 주5일 재택근무를 선택하도록 하는 기업도 나타난 마당이다.

공유 오피스를 만들고 집에서 일하도록 선택권을 주는 시도는 분명 새로운 도전이지만 그렇게 일하도록 한다고 해서 정말 성과가 나고 기업 문화가 수평적으로 달라질지 두고 봐야한다. 한 가지 확실한 사실은 인간은 외부 환경에 적응하게 되어 있다는 것이다. 공유 오피스나 주중 전일 재택근무 제도가 하나의 환경으로 정착이 되면 사람은 그 성향에 관계없이 적응해 어느 순간 녹아 들게 된다.

물리적 환경은 어디까지나 위생 요인에 해당한다. 즉 불만을 없애면 되는 수준으로만 갖춰진다면 일에 큰 영향을 미치지 않는다. 안마의자가 있고 시디즈 의자가 있고 한강이 밖으로 펼쳐지고 커피머신이 있다는 이유로 일을 더 잘하려는 마음을 먹는 사람은 없다는 말이다.

기업들의 이런 노력들이 의미가 없는 것은 아니다. 적어도 겉으로 보기에는 새로움을 따르고 변화에 적극 동참하는 앞선 기업의 이미지를 보여줄 수 있기 때문이다. 그러나 역시나 이런 보여주기는 1차원적 수준이다. 우수사례를 찾아내 흉내 내면 그만이기 때문이다. 고민도 필요 없다.

구글을 겉으로만 흉내 낸다고 구글이 되는 것이 아니다. 돈은 많으면 많을수록 좋고 물리적 환경은 쾌적할수록 좋겠지만 불만을 없애는 수준으로만 갖춰도 기본은 한다. 진짜는 겉으로 드러난 표면 말고 그 밑의 본질이다.

멀쩡한 사무공간 뜯어 고쳐 그럴듯한 실적으로 잘 보일 게 아니라 마음 속 파티션이 어떤지 돌아보고 그것부터 개선해야 하지 않을까?

구조를 구조하라

수평적 문화란 유니콘이다. 상상 속 개념일 뿐이다.

회사 미션에 캐치프레이즈에 연말 연초 송년사 신년사에 빠짐없이 수평적 조직문화가 들어가건만 정작 수직적 문화는 더 굳건해지고 있으니 말이다.

수평적 문화 정착을 위해 기업들이 시도하는 가장 두드러지는 변화는 직급 체계를 폐지하고 호칭을 바꾸는 일이다. 직급 체계나 호칭을 바꾼다고 수평적 문화가 될까? 싶지만 의외로 많은 기업들이 그 일을 하고 있다. 어떤 그룹은 프로님이라고 부르고 또 어떤 기업은 영어 이름을 쓰기도 한다. 물론 지독한 관료주의가 어느 정도 호칭이 주는 관계의 개선은 일부 있을지도 모른다.

이런 움직임은 실리콘밸리를 모방한 공유 오피스 열풍과 닮았다. 외연적으로 보이는 부분을 바꿔 변화를 이끌어보겠다는 취지인데. 글쎄. 모르겠다. 어떤 그룹은 CEO를 포함한 고위 임원들이 TED 방식이라며 청바지 차림에 티를 입고 나와 강의하는 것이 유행하기도 했다. 사람은 그대로인데 옷차림을 바꾸고 무선마이크를 차고 강연하는 퍼포먼스 촌극은 정말로 변화에 어떤 기여를 했을까?

통신사업과 에너지로 유명한 S모 그룹은 기업 총수가 이 방식으로 전 관계사를 돌며 수백 번의 강연을 했고 기업의 핵심가치라는 행복을 강조했지만, 글쎄. 그들의 행복 수준이 높아졌는지는 오리무중이다.

현역 시절 회사 인사팀은 한바탕 삽질을 시작했다. 기존의 사원→대리→과장→차장→부장 직급 체계를 개편해 팀장, 팀원의 두 직급만 있는 매니저제도로 바꾸는 일이었다.

인사담당상무의 핵심 과제 중 하나로 호기롭게 밀어 부쳐 노조도 설득하고 결국 관철시켰지만 회사의 문화에는 아무런 변화도 이끌어내지 못했다. 오히려 중간 리더들의 책임과 권한을 빼앗아 의욕을 잃는 바람에 팀장들의 역할이 가중되는 지경에 이르렀다.

구조와 사람이 근본적으로 바뀌지 않은 상태로 호칭과 직급체계를 바꾸고 TED 강의를 한다고 해서 수평적 문화가 정착되지는 않는다. 왜 수평적 조직문화가 되어야 하는지 그 본질에 대한 깊은 고민과 모두의 합의도 없이 그저 일방적인 보여주기식 쇼잉으로 일관한 일련의 이벤트들은 자충수로 전락하기 일쑤다.

사실 조직이라는 것이 기본적으로 수직적 구조를 띨 수밖에 없다. 의사결정과 책임의 최종스팟이 엄연히 존재하기 때문이다. 100억짜리 딜에 관련된 결정을 사원급 매니저들에게 내리라고 할 수는 없는 노릇이다. 이것은 권한의 이양이 아니라 책임전가다.

결정과 책임의 주체가 명확하지 않다는 것은 그 자체로 조직이 아니라는 뜻과 같다. 개인, 프리랜서의 집합과 무엇이 다를까?

MZ세대와 라떼 사장님이 함께 만드는 조직문화

확산이 되면 반드시 수렴이 되어야 한다. 그게 조직의 본질이다. 확산의 필요성 때문에 수평적 문화를 그토록 원했다면 확산 이후 수렴은 누가 어떻게 해야 할 것인지에 대한 구체적 대안도 필요하다.

수평적 문화에 대한 자신들만의 명확한 정의와 공감도 없이 그저 남들 하는 것을 좇아 겉모습 바꾸기에 전념한다.

모두가 동등한 위치에서 인격적 대우를 받아야 하는 것은 당연하지만 수많은 기능과 다양한 이해관계가 맞물려 있는 기업 조직에서 단순히 수평적이면 좋은 거라는 수준의 인식만 가지고 수평적 문화를 접근하려다 보니 보여주기식 이벤트가 판을 치고 도로 원상복귀 되는 촌극이 끊이질 않는다.

자리가 사람을 만든다고 평소 수평적이고 열린 자세를 갖고 있는 사람도 조직의 리더라는 위치에 올라서면 관료적으로 돌변하는 경우를 왕왕 보게 되는데 구조와 환경의 문제가 사람보다 먼저라는 진리를 여실히 보여준다.

조직 내 사일로가 생기고 공고해지는 이유는 조직 구조가 폐쇄적이고 팀장을 위주로 권한과 책임이 몰려 있기 때문이다. 팀장에서 밀려나면 대기발령 상태가 되어 퇴직을 준비해야 하는 상황이 그 증거다.

오늘날 급격한 변화의 시대에 이런 조직 구조는 바람직하지 않다. 누군가 책임을 맡아야 하지만 한 사람에게 모든 것이 쏠리는 구조가 조직을 더 폐쇄적이고 경직되게 만든다. 여러 기능을 묶어 하나의 팀으로 뭉쳐서 그에 관련된 모든 권한과 책임을 주고 비대하게 만드는 일은 지양되어야 한다.

팀을 세분화하고 제왕적, 권위적 리더가 아닌 기능과 효율에 적합한 프로젝트 리더 단위로 바꿔야 한다. 팀 리더의 권한과 책임을 축소하고 팀 멤버 전원에 일정 부분 이양해야 한다.

예컨대 HR팀이라면 채용팀, 보상팀, 평가팀, 육성팀 등 기능별 소팀으로 나누고 이 팀들을 이끄는 리더는 명목상 팀장이지만 권한과 책임을 조금 더 많이 가졌을 뿐 동등한 팀 멤버일 뿐이라는 생각으로 팀십을 만들어야 한다.

이런 기능팀의 리더는 언제든 상황에 따라 바뀔 수 있고 팀 리더에서 물러났다고 역할이 다했다는 뜻이 되지도 않아야 한다.

이런 상황에서 각 팀은 유연성을 발휘할 수 있고 서로 협력하며 자신들의 task 성공을 위해 필요한 타기능 팀과 자연스레 협력을 하게 된다. 이 과정에서 수평적 문화가 만들어지고 정착된다.

수평적 문화가 정말로 필요한가? 무엇이 먼저인지 본질부터 고민하라.

고양이에게 맡긴 생선은
어떻게 됐을까?

어느 날 인사담당상무는 인사팀장을 불러 묘한 지시를 내렸다.

"앞으로 모든 승진 대상자들 직급과 관련 없이 승진시험을 치르도록 하세요."

그동안 승진과 관련한 프로세스에 문제가 많기는 했다. 무엇보다 기준적용에 예외가 잦고 일관적이지 않다는 문제가 컸다. 대리 승진의 경우 기본적으로 3개년 평가결과와 부서장의 최종 승인으로 큰 하자가 없는 한 요식행위에 가까웠다. 다만 과장 이상의 경우 해당 팀장+임원급이 주관하는 승진심사위원회를 열어 결정했는데 어떤 해는 프리젠테이션을 하기도 하고 또 어떤 해는 심사만으로 종료되기도 했다.

승진 대상자 또한 자신이 왜 승진이 되었는지 왜 누락되었는지에 대한 이유를 알 수 없었고 관행, 대외비라는 이유로 크고 작은 이슈들은 흐지부지 넘어가기 일쑤였다.

인사팀 공식 입장 역시 같은 이유를 들어 심사 과정을 오픈하지 않고 뭉개는 바람에 대상자들은 무언가 찜찜하지만 그러려니 하고 넘어가는 분위기가 매해 이어졌다. 그러다 문제가 터졌다. 3년 연속 알 수 없는 이유로 과장 승진에 누락된 대상자가 익명 게시판에 승진 심사 과정의 문제를 제기하고 나섰다.

하필 이의가 제기된 그 해, 인사팀 내부의 승진 대상자가 모조리 승진이 됐는데 이 결과가 이슈의 중심이 됐다. 인사팀의 경우 승진대상자 전원이 승진을 했고 심지어 발탁 승진까지 두 명이나 포함됐다. 타 팀의 경우 승진 누락이 약 50% 수준이었던 점을 감안하면 누가 봐도 공평성, 투명성에 의문을 제기할 상황이었다. 아니 심각한 윤리적 문제가 아닐 수 없다. 승진을 주관하는 부서가 제 손으로 특혜를 준 꼴이니 말이다.

관행, 대외비라는 이유로 제기된 의혹들이 유야무야 넘어가는 상황이 이어지면서 내부의 윤리의식과 자정기능이 사라져버린 탓일까? 결국 인사담당 상무의 공식 사과와 재발방지 약속으로 마무리됐지만 한동안 논란은 계속됐다.

그 이후 보란 듯이 전격 시행 된 승진 시험은 어쩐지 냄새가 났다. 물론 그동안 불투명했던 승진 심사절차의 투명성을 확보하고 공정성을 회복한다는 명분을 내세웠지만 실상은 그렇지 않았다.

제도를 정비한다는 명목으로 승진 대상자들에게 부담을 지우려는 속셈이었다. 업무와 직접 관련도 없는 경영학원론 시험을 치르게 한다든지, 어학 실력과 상대적으로 무관한 현장직들에 어학 구술 시험을 치르도록 강제하는 식이었다.

말하자면 인사팀의 일에 반발한 보복조치였던 셈이다. 그동안 쉽게 쉽게 될 사람은 해줬는데, 조직 생활이라는 게 다 그렇고 그런 건데 그 관행에 대해 문제 제기를 했으니 어디 한 번 당해보라는 식이었다.

그 결과는 명확했다. 승진을 위한 자격이 되는지, 역량 그 자체를 검증하기보다 회사에서 요구하는 요건을 '무조건' 갖추라는 강요로 대상자들을 괴롭게 했다. 현장의 거듭된 반발에도 불구하고 승진시험은 강행되었다.

실제 검증 내용이 역량 향상과 실무에 조금이라도 도움이 되는 내용이었다면 반대를 무릅쓰고 강제한 의미라도 있었겠지만 깊은 고민도 없이 급조한 원론 수준의 지식 테스트에 그쳤다는 후문이 컸다.

더 놀라운 사실은 공표한 바와는 다르게 승진 시험 최소 기준에 미달된 점수를 받은 사람을 다수 승진시켰다는 것이다. 그럴 거면 그 반대를 무릅쓰고 왜 시험을 치르게 했느냐? 는 아우성이 빗발쳤다. 쉽게 승진을 시키지 않고 대상자들에게 부담을 주겠다는 이유 그 이상도 이하도 아니라는 사실을 스스로 증명한 셈이다.

승진시험을 치른 대상자는 물론이거니와 이를 바라보는 여타 구성원들은 그 해프닝을 지켜보며 무슨 생각을 했을까?

제도는 엄연히 구성원들을 위한 것이어야 한다. 적어도 일을 시키려면 갖춰줘야 할 기본 중 기본이다. 회사 조직의 제도는 대부분 승진, 평가, 보상 등 구성원들의 회사 생활에 직간접적으로 영향을 미치는 일에 집중되어 있다.

제도 운영의 진정한 목적이 구성원 전체를 향하지 않고 특정인과 특정인을 향해 있다면, 조직은 스스로 무너진다. 자신의 이익과 첨예하게 영향을 미치는 일에 사람들은 민감하다.

사소한 시그널도 조금만 시간이 지나면 금세 포착해낸다. 내세운 명분조차 지키지 못하는 제도를 강제하고 실행한 이유는 대체 무엇이었을까? 누구를 위한 제도였을까?

인사담당상무와 곤욕을 치렀던 인사팀장은 그해 승진제도 개편을 실적으로 올리고 좋은 평가를 받았다.

결과가 누구를 가리키는가? 어떤 일의 최종 결과가 누구에게 이익이 되는지를 찬찬히 지켜보면 숨어있는 의도를 알 수 있게 된다.

사심으로 가득한 자. 그 어디에도 쓰지 말라.

문턱주의자

김 부장은 문턱주의자다. 문턱을 넘기 전까지 무수히 재고 고민하지만 한번 문턱을 넘으면 뒤를 돌아보지 않는다.

웹툰/드라마 〈미생〉의 등장인물인 김부련 부장에 대한 에피소드에 나온 '문턱주의자'라는 말이 마음에 쏙 들어왔다. '리더란 대체 어떤 존재일까?'의 문에 대한 해답이 그 안에 들어있다고 생각했다. '지금 여기'가 아닌, 미지의 세계에 지속적으로 관심을 갖고 신중히 탐색하다 위험을 무릅쓰고 먼저 넘어가 경험해본 후 여기도 괜찮으니 이제 건너와도 좋다는 시그널을 후배들에게 보내는 사람이라고 해석했는데, 이것 참 멋지다 라고 무릎을 탁 쳤다.

리드Lead라는 단어를 모르는 사람은 드물 것이다. 생각할 필요도 없이 잘 안다고 철석같이 믿는 탓에 혹시 놓치고 있는 부분은 없을까 싶어 사전부터 찾아봤다.

동사. (앞장서서) 안내하다 [이끌다. 데리고 가다].

원래 알던 의미와 별반 다를 게 없는데 싶다가 무언가 낯설다. 특히 괄호 속 '앞장서서'라는 말이 눈에 밟힌다. 아! 그때 깨달음이 왔다. 방점이 어디에

찍혀 있는가? 그동안 리드를 어떻게 오해하고 있었는지 감이 탁 왔다

리더십 전문가 이창준의 이야기를 들어보자. "영어 lead 라는 말의 어원을 보면 흥미롭게도 거기에는 '누군가를 이끈다'라는 의미가 없습니다. 이 말의 인도유럽어인 'leith'에서 온 것입니다. Leith는 '문지방을 넘는다to stop across the threshold'라는 뜻을 가지고 있습니다."

어디서 많이 들어본 이야기다. 맞다. '문턱주의자' 김 부장.

오상식 과장의 영업3팀은 요르단 중고차 사업 관련 비리 혐의를 포착해 낸다. 자체적으로 조사를 진행하다 어느 정도 확신이 들자 직속 상사인 김 부장에게 보고한다. 김 부장 역시 이상한 낌새를 알아차리지만 이내 고민에 빠진다. 본인이 결재라인에 있었기 때문이다. 종합상사의 업무 생리상 얼마든지 관행이라고 묻고 넘어갈 수도 있는 문제라고도 생각할 수 있다. 그러나 자신이 믿고 아끼는 부하직원의 문제제기를 진지하게 받아들이고 조사를 계속하도록 지시한다.

결국 창사 이래 최대 규모의 비리가 있었음이 밝혀지고 그 결과에 대해 두말없이 책임지고 자리에서 물러난다. 마지막 날 김 부장은 일일이 악수를 나누고 당당히 되돌아서 나간다. 오상식 과장은 그 뒷모습에서 진정한 리더의 참모습을 읽는다.

비록 허구의 이야기일 망정 리더의 솔선수범이란 바로 이런 모습이 아닐까? 싶다. 이런 리더와 함께라면 무엇이든 해낼 수 있을 것이라는 자신감도 생긴다.

리더는 하나의 환경에 가깝다. 누구든 그 자리에 올 수 있지만 누가 오느냐에 따라 그 팀, 조직 전체의 분위기가 달라진다. 자리가 사람을 만들기

도 하지만 사람이 자리를 바꾸기도 한다.

형편없는 리더를 만나면 부하직원 입장에서 그만큼 괴로운 일이 없다. 태풍으로 치면 가장 영향력이 크다는 태풍 진로 우반경에서 직접 타격을 받는 꼴이다. 능력도 능력이지만 책임은 부하직원에게 미루고 공이 생기면 자신의 것으로 홀랑 주워 먹는 못난 리더들이 현장에는 널렸다.

"내가 잘되어야 너희들도 좋은 거야."

그 어떤 이유든 자신부터 먼저 챙기고 타인을 뒤로 미루는 사람 치고 이쯤이면 됐다며 내려 놓는 사람 못 봤다.

솔선수범은커녕 오히려 부하직원의 공을 가로채 좋은 평가를 받고 더 높은 곳으로 올라가는 일은 생각보다 잦다. 누군가의 아이디어를, 실적을, 결과물을 마치 자신의 것처럼 포장해서 혼자만 돋보이는 일은 "내가 잘되어야 너희들도 좋은 거야"라는 마법의 메시지에 정당화되기 일쑤다.

〈미생〉의 마 부장이 바로 그런 인물이다. 워낙 연기가 차져서 진짜 부장님을 데려오면 어떻게 하느냐? 는 찬사 아닌 찬사를 들은 캐릭터다.

마 부장은 오직 자신의 성공을 위해 윗선에만 꽂혀 있는 인물이다. 부하직원들에게 야자는 기본이고 모욕적인 막말과 손찌검은 물론 여자 직원에 대한 성희롱도 서슴지 않는다. 요즘 같은 세상에 위험천만한 인물이지만 놀랍게도 대기업 종합상사 원인터의 에이스 부서장으로 인정받는다.

부하직원들의 성과마저도 제 마음대로 줬다 뺏었다 한다. 다 같은 자기 밑의 부서임에도 자신의 승진을 위해 뒤를 받쳐주는 백업 부서를 지정해 놓고 노골적인 밀어주기를 감추지 않는다. 그의 눈에 들어온 일부를 제외한 주변은 모두 괴롭다.

이런 사람들이 승승장구하는 조직이라면 안 봐도 비디오다. 과정보다는 결과에 매몰되어 동료가 부하직원이 죽던 말던 나만 살고 보자는 이전투구식 살벌한 경쟁의 장, 직장은 전쟁터라는 흉악한 말을 만들어낸 원흉에 다름 아니다. 유유상종이라고 이런 부류를 따르는 무리가 생기고 자신의 뒤를 받쳐줄 백업으로 점 찍어 같은 방식으로 자신들만의 카르텔을 만들어낸다.

카르텔에 속한 가짜 리더와 그 무리들은 그 외 다수를 향해 박탈감의 테러를 가한다. 이들의 횡포 앞에 이곳은 일할 만한 환경이 아니라고 생각한다. 진짜 능력 있는 사람들이 하나 둘 떠나간다.

일을, 업적을, 아이디어를 빼앗아 자신의 것으로 만든 리더가 술 한잔 사주며 '인생이 다 그런 거야 인마' 라고 말하다면 당장 소주잔을 얼굴에 들이붓고 회사를 때려쳐라. 배움은 고사하고 신체적 정서적 착취에 시달리다 빈 껍데기만 남게 될지 모른다

진짜 리더는 어디에 서 있는가? 잘한 일은 타인에 돌려 뒤로 물러설 줄 알고 책임을 질 때 앞장서 있는 사람이라면 믿을 만하다. 그의 선자리를 주목하라. 사람들은 직장이 아니라 나쁜 상사를 떠난다.

MZ세대와 라떼 사장님이 함께 만드는 조직문화

간극에 집중하라

교육팀은 '직책자 리더십 향상 워크숍 과정'을 특별히 외부에서 진행하기로 했다. 새봄, 신학기를 맞아 캠퍼스의 낭만과 생동감을 만끽할 겸 인근 대학교에서 운영하는 외부 교육 시설의 강의장을 통째 빌렸다.

3월, 초봄의 대학 캠퍼스는 젊음 그 자체만으로도 싱그럽다. 계절이 바뀌면서 파스텔톤이 된 봄볕은 겨우내 움츠린 우중충한 중년들의 마음속에 스며들어 괜한 설렘을 주기 충분했다.

교육팀은 하루 전날인 일요일에 교육장을 미리 방문해 워크숍 준비를 마쳤다. 그중 가장 중요한 것은 리더십 진단 결과 자료다. 사전에 설문조사를 하고 그 결과를 받아 개별 리포트를 준비했다. 특별한 느낌을 주기 위해 새하얀 봉투에 밀봉하여 이름과 직책을 라벨링해 각자의 자리에 놓아두었다.

드디어 당일, 모처럼 회사를 벗어나 들뜬 마음으로 왁자하게 강의장에 들어서던 직책자들은 자기의 이름이 적힌 봉투를 발견하고 저마다의 모습으로 내용물을 들여다보기 시작했다.

"아, 이런 배은망덕한 놈들을 봤나. 내가 얼마나 잘해줬는데!"

"뭔가 오해가 있나 보네, 나는 그런 사람이 아닌데."

봄날, 캠퍼스 낭만으로 들떴던 마음은 금세 사라지고 자신의 리더십 진단 결과에 대해 저마다 한마디씩 하기 시작했다. 오랜 시간 데이터를 들여다보며 부하직원들의 자신에 대한 의견을 곱씹기도 하고, 심각함을 넘어 얼굴이 붉으락푸르락한다.

생각보다 박한 부하직원들의 자신에 대한 인식에 크고 작은 충격을 받은 듯 보였다. 교육팀은 그 상황을 이미 예견하고 있었다. 형편없는 평균 진단지수 자체도 자체지만, 스스로에 대한 인식과 부하직원들 인식 사이에 태평양바다 만큼이나 넓은 chasm(간극)을 확인한 상태였으니 말이다.

리더십 수준을 100점 만점으로 본다면 스스로를 80점 이상으로 진단한 사람이 대부분이었다. 이에 반해 구성원들이 본 리더십 지수 평균은 60점대에 머물렀다. 그마저도 추적당할 수 있다는 걱정에 관대화 된 것을 감안하면 참담한 수준이다.

간극이 20점에 달하는 것이다. 대상자 약 40명 중 자기진단 수준이 부하직원들보다 낮거나 비슷하게 진단된 사람은 단 1명에 불과했다.

당연한 이야기지만 리더들은 어떤 종류의 진단이든 그 결과에 매우 예민하다. 연말평가와는 별개로 리더십 개발만을 위한 순수 진단임을 수차례 강조했지만 들어올 리 없다.

물론 이해가 안 되는 것은 아니다. 그냥 재미 삼아 리더십 진단을 하는 기업이 아니라면 그 결과가 경영진에 보고되기 때문이다. 비록 리더십 개발을 위한 도구로 활용한다고는 하지만 누구는 리더십 진단 결과가 좋고 누구는 낮게 나왔다면 아무래도 경영진의 시선에 영향이 있게 마련이다.

그런 점을 감안해도 리더십 진단을 대하는 리더들의 호들갑은 과한 면이 있다.

리더십 진단은 건강 진단과 성격이 비슷하다. 특별히 아프거나 문제가 있어서 진단을 하는 것이 아니라 현재의 몸 상태를 객관적으로 정밀 진단해서 문제가 생긴 부분, 문제가 생길 여지가 있는 부분을 찾아 미리 대비하고 개선하기 위한 수단이다.

주요 부위의 건강지표 추이를 살펴보며 정상, 이상, 주의 요망의 시그널을 주는 것이다.

건강검진 결과가 자신의 생각과 다르고 안 좋게 나왔다고 해서 장비가 나를 오해하고 있다느니, 의사가 뭘 아느냐니 하며 노발대발하는 사람을 본 적이 있는가?

진단 결과 자체를 먼저 받아들이고 그럼 어떻게 해야 하는지 추후 솔루션을 받아 고쳐 나가면 될 일이다. 소통에 문제가 있다는 신호가 나왔다면 '내가 술을 얼마나 사줬는데'라며 허탈해할 일이 아니라 '술자리에서 할 말 못할 말 다 한 것 같은데 왜 소통이 안 된다고 느꼈을까?'를 생각해 볼 일이다.

마침 옆자리에 동병상련의 리더들이 모여 있으니 서로의 사례를 나누고 정보를 주고받고 효과가 있었던 누군가의 방법론을 나누는 집단지성의 자리가 된다면 얼마나 이상적인가?

재미있는 것은 자신은 원래 그런 사람이 아닌데, 구성원들이 오해하고 있다는 하소연이 많다는 것이다. 그게 사실이라면 그 오해를 누가 만들었는지? 만 되물으면 된다. 결국 자신의 문제다. 단지 오해였건 자신의 생각과 다르게 그런 사람이었건 어떤 경우에도 문제는 자기 자신으로부터 생긴다.

워크숍 과정을 유심히 지켜보면 앞으로 눈에 띄게 개선이 될 사람, 여전히 구성원들과 평행선을 유지할 사람을 대체로 명확히 구분할 수 있다.

전자는 Chasm, 그러니까 자신의 인식과 부하직원 인식의 간극에 주목한다. 왜 그런 인식 격차가 발생했는지를 곰곰이 생각한다. 오해에서 비롯되었다면 어떻게 그것을 풀지 자신의 입장에서 생각한다. 자기인식self awareness의 실마리를 찾게 되는 순간이다.

자기 자신에 대한 객관적 인지에 어느 정도 성공했다면 그다음은 상대방, 조직 전체의 감정에 관심을 갖는 사회적 인식social awareness의 단계로도 넘어갈 수 있다. 이 리더가 마침내 자신과 구성원 사이의 Chasm을 극복해 낸다면 존경받는 리더로 발전할 가능성이 생기는 것이다.

결국 리더십의 모든 문제는 구성원이 아닌 리더 자신으로부터 발생한다는 사실을 깨닫는 일이다.

나는 그런 사람이 아니라고 혼자 떠들어봤자 본인을 제외한 모두에게는 그런 사람으로 계속 남게 될 것이다. 혹여 워크숍이 끝나고 팀으로 돌아가 구성원들을 다그치거나 겁을 줄 생각이라면 아서라.

내 마음을 몰라준다며 삐지지도 말라. 진단 결과로 경영진에게 질타 받을까? 괜한 걱정도 말라.

리더십 진단은 자신을 객관적으로 들여다볼 수 있는 좋은 기회다. 어떻게 활용하느냐에 따라 모두가 존경하고 마음으로 따르는 진짜 리더가 되는 급행 티켓이 될 수 있다. 진실을 마주하는 데 주저하지 말라.

06

위징과 고약해

반만년 한반도 역사상 가장 위대한 왕은 누구일까?

고구려의 광개토대왕, 장수왕, 백제의 근초고왕, 무령왕, 신라의 태종 무열왕, 고려의 광종, 조선의 태조 이성계, 정조 등 여러 후보가 있겠지만 대다수는 바로 세종대왕을 손에 꼽을 것이다.

오늘날 전 세계가 열광하는 한류 붐의 사실상 중심에 있다고 해도 과언이 아닐 자랑스러운 훈민정음 창제를 필두로 측우기, 혼천의 등 과학기술 발전에도 이바지한 위대한 개척자 아닌가? 대한민국 국민이라면 특별한 이의가 없을 것이다.

잘 알려진 업적들 외에 세종대왕에게는 경청에 대한 재미있는 일화가 있다. 바로 고약해라는 인물과의 일화다. '고약하다'라는 말의 어원이 이 사람으로부터 시작되었다는 설도 있지만 논란의 여지가 있으니 추후 알아보기로 하고.

이 고약해라는 사람은 세종 13년 과거에 급제해 역사에 등장하는데, 왕 앞에서도 할 말을 거침없이 할 뿐 아니라 술을 마시고 주사를 부린 것으로 실록에도 기록되어 있다. 사헌부의 사간으로서 왕에게 직언하는 본분을 넘어 사사건건 세종에게 쓴소리를 한 것으로 알려졌다.

고약해의 쓴소리에 지친 세종이 "고약해 같다"며 혀를 내두를 지경이었으니 그의 '투머치 토크'가 어땠을지 짐작이 되고도 남는다.

기록에 따르면 1440년(세종 22년) 3월 수령육기법(지방 수령의 임기를 6년으로 정하는 법)을 놓고 논쟁을 하다가 임금의 말을 끊을 뿐 아니라 자리까지 박차고 나가는 불손한 태도로 마침내 관직이 삭탈되어 귀양 길에 오르지만 세종은 1년 뒤 다시 조정으로 불러들인 것으로 전해진다.

몇 년 후 그가 죽자, 곧을 '정(貞)', 은혜 '혜(惠)'를 써서 '정혜'를 시호로 내리기도 했는데 세종의 고약해에 대한 애증을 에둘러 짐작해볼 수 있다.

그렇다면 중국 역사상 가장 위대한 황제는 누구일까? 최초의 중국 통일을 완성했던 진시황? 청나라의 전성기를 이끌었던 강희제? 아니면 우리에게도 잘 알려진 한나라 고조 유방일까?

대체로 청나라의 강희제와 함께 당나라 태종 이세민으로 좁혀진다. 당시의 주변정세, 통치스타일, 개인이 가진 강점과 업적에 따라 여러 의견들이 있겠지만 강희제, 당태종을 꼽는 데 큰 이견은 없어 보인다.

중국 역사상 가장 위대한 황제 후보, 투톱인 당태종 이세민은 수나라를 무너뜨리고 당나라를 세운 당고조 이연의 세 아들 중 둘째다. 당나라가 건국된 후 장자 계승 원칙에 따라 첫째 아들인 이건성이 태자 자리에 오르고 이세민은 신생국의 초기 안정을 위해 국경 인근 이민족을 견제하고 내부 기반을 다지는 일에 전념한다.

험지에서 연전 연승하는 이세민의 인기는 날로 높아지고 별로 하는 일

없던 태자는 불안감을 느끼게 되는데

"태자 형님, 둘째 형님이 심상치 않소."

그러니까 둘 사이에 셋째가 붙어 이간질을 했던 모양이다. 뭐 그랬겠지? 어쩌면 태자는 아무런 생각이 없었을지도 모른다. 왜냐면 아무런 생각이 없었으니까. 다만 셋째의 입장에서 보자면 첫째 형과 둘째 형이 붙어 서로 치명타를 입으면 자기에게도 기회가 오지 않을까? 하는 허튼 꿈을 꿨을 가능성도 있었겠다.

아무튼 첫째와 셋째가 합심해서 둘째 형을 찍어내기로 작정하고 일을 벌이는데 세상에 비밀이 어디 있겠는가? 이세민의 귀에 둘의 작당 모의가 새어 들어간다. 처음에는 자신의 억울함을 호소도 해보고 말로 풀기 위해 노력하지만 이내 별무소용임을 깨닫는다.

마침내 결심을 굳힌 이세민은 군대를 돌려 태자와 셋째를 역으로 제거해버린다. 역사는 승자의 입장을 반영하는지라 실제 첫째와 셋째가 음모를 꾸몄는지, 태자를 제거했다는 정당성을 위한 명분 만들기였는지 단정 지을 수는 없지만, 결과적으로 태자와 잠재적 라이벌 셋째를 한꺼번에 제거한 이세민은 아버지 고조에 이어 2대 당나라 황제에 오르게 된다. 그가 바로 당 태종이다.

위징이라는 인물은 태자의 책사였다. 그러니까 자신을 제거하려던 형의 최측근으로 전략을 세우고 머리를 빌려주는 핵심 실세였던 것이다. 그는 거사에 실패한 후 이세민 앞에 끌려와서도 시종일관 당당했다.

왜 그랬느냐라는 이세민의 추궁에 내 주군을 위해 당연한 일을 했을 뿐이라며 조금도 물러섬이 없다. 그리고 고개를 내밀어 당당히 죽음을 청한다.

이세민은 그의 기개에 탄복해 그를 살려주었을 뿐만 아니라 아예 재상으로 등용하는 파격을 보여준다.

위징은 평생 황제 곁에 머물며 쓴 소리를 아끼지 않았는데, 이 잔소리가 어찌나 심했던지 어느 날 당태종은 황제 체면에 황후를 찾아 하소연을 한다. 황제의 위징에 대한 컴플레인을 묵묵히 듣던 황후는 대뜸 자리에서 일어나 큰 절을 올리더니, '후세에 길이 남을 명군이 되실 것'이라 말한다. 이에 큰 깨달음을 얻은 당태종은 위징을 더 가까이하여 결국 위대한 명군의 반열에 오른다. 역사는 황후의 판단이 옳았음을 여실히 증명해주고 있다.

자 그럼 다시 우리 이야기로 돌아와서, 세종대왕과 고약해, 그리고 당태종과 위징, 이 두 투머치 토커 콤비가 우리나라와 중국 역사상 가장 위대한 임금의 일화에 등장하는 일은 그저 우연일까?

경청의 핵심은 온통 달콤하기만 한 '내 귀에 캔디'가 아니라 지독히도 쓴 진실을 듣는 데 있다. 그 일을 누구보다 잘 견디어(?) 냈던 두 사람의 리더가 공교롭게 역사에 길이 남았다. 최고의 위치에 올랐음에도 매 순간 스스로를 경계했던 자기인식의 노력, 그치지 않는 앎의 자극을 통해 리더십을 발휘할 때 어마어마한 긍정의 영향력을 발휘한다는 방증이 아닐까?

우리가 세종대왕이나 당태종처럼 위대한 리더로 이름을 역사에 남길 가능성은 제로에 가깝지만, 대체로 괜찮은 리더는 자신에 대한 쓴소리, 정당한 비판을 피하지 않는 사람 중에 있음을 믿게 됐다.

때로는 감당이 어렵기도 하고 뜻밖의 내상을 입고 몇 날 며칠을 끙끙 앓게 될지라도 '내 귀에 캔디'보다 '소태 같이 쓴 소리'가 오히려 나를 한 발 더 나아가게 한다는 사실을 이제는 안다.

질문할 수 있는가? 그리고 흔쾌히 답을 주고받고 서로 수긍하는가? 오고 가는 맥락을 오해 없이 다 꺼내 놓고 나눌 수 있을 때 조직은 건강해진다. 부침을 겪으면서도 결국 우상향하는 조직이야말로 건강하다.

온통 내 귀에 달콤한 소리 뿐인가? 그렇다면 무언가 잘못되어가고 있다는 증거다. 앞에선 조용하고 평온해 보이지만 정작 안 보이는 뒤에서는 온갖 살벌한 이야기들이 오가는 뒷담화의 향연이 펼쳐질지도 모를 일이다. 나 스스로 완벽하지 못한 한낱 인간일 따름이라는 사실을 잊지 않았다면 덜컥 겁이 나고 등 뒤로 식은땀이 흘러내려야 한다.

이스트만 케미컬 CEO인 마크 코스타는 이렇게 말했다. "최고경영자로서 가장 큰 두려움은 직원들이 내게 진실을 말하지 않는 것이다."

회의를
회의감에서 구하라

한 조사에 따르면, 회의 효율성은 38점, 소통 수준은 44점, 성과 점수는 51점에 그친 것으로 나타났다. 직장인들은 일주일 평균 3.7회의 회의에 참석하고 51분간 자리를 지킨다. 그중 절반인 1.8회는 대체 왜 회의를 하는지 모를 무의미한 회의라고 생각한다. 회의가 불필요하다고 느끼는 이유는 단순업무 점검 및 정보 공유 목적이라서 32.9%, 일방적 지시 위주라서 29.3%, 목적이 불분명해서 24.7%, 시간 낭비가 많아서 13.1%가 뒤를 이었다.

이 조사 결과가 모든 기업의 회의 문화를 대변할 수는 없겠지만, 우리는 이보다 낫다고 생각하는 사람은 얼마나 될까?

지난 경험을 되새겨봐도 회의가 적당한 빈도로 적절한 사람들이 참여해 자유롭게 소통하고 구체적인 결론에 도달하는 만족스러운 시간이 된 경우는 드물었다. 회의에 대체 무슨 일이 생긴 걸까?

우선 사내 회의는 어떤 종류가 있는지 살펴보자.

첫째, 순수 정보 공유를 위한 회의다. 매출, 손익 등 성과지표 추이, 사장혹은 임원의 지시 사항, 고객 동향이나 산업 전반에 대한 트렌드 등 꼭 알아야 할 정보들을 공유한다.

둘째, 협업을 위한 타 조직/기능 간 회의다. 타 조직 간 기능과 역할이 얽혀 있는 복합적인 공통의 업무를 위해 구체적 역할과 개입 범위, 일정 등을 조율한다.

셋째, 업무 진행을 위한 회의다. 업무의 목적과 성격, 개인별 업무 분장 등을 결정하고 진행사항을 공유, 피드백하는 순수 업무회의와 어떤 문제가 생겼을 때 해결 방안을 찾기 위한 아이디어 회의 등이 포함된다.

빈도는 매주, 매월 정기적으로 진행되는 회의와 리더나 업무 책임자가 필요에 의해 소집하는 스팟성 회의로 나뉜다. 정기 회의 외에 스팟성으로 생기는 회의가 많아질 경우 하루 절반 이상을 미팅으로만 소진하는 경우도 종종 발생한다.

회의는 분명 필요한 업무의 일부다. 잘만 활용하면 팀십을 극대화하고 부서 간, 기능 간 시너지를 낼 수 있는 궁극의 방법론이다. 그런데 왜 회의는 대체로 회의적이 됐을까? 심지어 회의 무용론마저 나오는가?

첫 번째 문제는 회의의 양(빈도)이다. 정보 공유 외에는 별 의미 없는 첫 번째 유형의 회의를 지나치게 자주 소집한다는 데 있다. 이런 회의를 매일 할 뿐더러 그 시간마저 늘어지기 일쑤다. 전날의 실적 매출이나 손익 이런 것들을 공유하느라 한 시간 두 시간을 훌쩍 넘긴다. 사실상 2~30분은 사적 이야기. 회의 주제와 전혀 관계없는 잡담들이 오가고 봐도 그만 안 봐도 그만인 매일매일의 경향을 숫자로 만들어 매일 점검하고 체크한다.

그 일만을 위한 일을 하고 시간을 만들어 하루를 소비한다. 매일 키를 잰다고 정작 키가 크지 않는다는 사실을 감안하면 과한 면이 있다. 수치는 시차를 두고 지켜볼 때 그 의미와 맥락을 알 수 있다. 생각보다 그런 정보를 매일 추산하고 공유하는 데 우리는 상당한 시간을 쓴다. 일하는 것처럼 보이기 때문이다.

습관적으로 왠지 그래야 할 것 같은 느낌 적인 느낌으로 사람들을 불러 모으는 경우가 대다수다. 단순 정보 공유는 메신저나 메일로 공유해도 그만이다.

두 번째 문제는 회의의 질(깊이)이다. 회의의 세 번째 유형이자 진짜 목적인 업무를 위한 회의 역시 문제가 많다. 이메일로 참여자들에 시간과 장소를 보내면서 대략의 안건을 알려준다. 그러나 그 안건을 제대로 읽고 오는 사람은 드물다. 미팅 시간이 다가오면 부랴부랴 장소로 달려가지만 예정된 시간에 제대로 맞추어 전원이 모이는 일은 별로 없다.

차를 마시고 잡담을 나누고 예정 시간의 10~20분을 넘겨 본격 회의가 시작된다. 주최자는 주로 PPT나 엑셀로 된 텍스트가 빽빽한 자료를 만들어 넘기면서 설명을 하지만 머리에 잘 안 들어온다. 나눠준 핸드아웃을 턱을 괴고 살펴보지만 눈으로만 읽고 머릿속으로는 흘린다.

안건을 듣다 보면 내가 왜 여기에 앉아 있는 거지? 갸우뚱하기도 한다. 관련 인력이라며 다 끌어모았지만 실제 진짜 관련자는 3분의 1도 안 되는 것 같다.

일을 하러 온 건지 회의를 하러 온 건지 알 수 없다. 그나마 결론이라도 낸다면 다행이지만 그마저도 어렵다. 회의의 주체자 혹은 리더가 일방적 의견을 쏟아내다 아이디어를 내보라고 독촉하지만 선뜻 나서는 사람은 없다. 어렵게 뭔가를 이야기하면 쓸데없는 소리 한다며 빈축을 사거나 혹여 괜찮은 아이디어라도 그럼 네가 한번 해보라며 덤터기를 쏠 수 있기 때문이다.

재미있는 사실은 우리 모두 회의에 대한 문제를 이미 알고 있다는 것이다. 그래서 나름 회의 문화를 바꾸려는 노력도 한다. 한때 대한민국 회사들 회의실마다 유행처럼 등장한 아이템이 있다. 바로 모래시계다. 파란색, 빨간색 신호등 같은 형형색색 모래시계들이 회의실 탁자 위에 턱 등장했다.

그리고 포스터가 나붙기 시작했다. 용건만 간단히 30분 이내, 모두가 참여하는 회의 문화 따위 구호들이 난무했고 심지어 마스크에 X자 표시를 붙여 놓기도 했다. 그 입 좀 다물라는 것이다.

어떤가? 아 저거 우리도 해봤는데… 잘 안 되더라로 결론이 난다. 모래시계는 데코레이션이 된 지 오래고 X자가 붙은 마스크 포스터 앞에서 팀장의 입은 쉼이 없다. 이벤트성 개선의 노력만으로도 저변에 깔린 문화가 바뀐다면 좋으련만 현실은 그리 녹록하지 않다.

일단 회의실 그 자체부터 바꿔보자. 그 놈의 긴 탁자와 상석과 서열대로 앉는 숨막히는 배열부터 바꾸자. 임원이나 CEO가 참석하는 자리라고 열 맞춰 필기도구, 음료를 배치해 놓고 네임택으로 자리를 지정하는 짓은 하지 말자.

서열대로 착석해서 눈을 부라리며 마치 추궁하듯 의견을 제시하는 서릿발 같은 분위기에서 그 어떤 창의적이고 긍정적인 이야기들이 마음껏 오갈 수 있을까? 제왕적 수직구조를 다시금 확인하는 그곳은 다양한 의견들이 자유롭게 날아다니는 플레이 그라운드가 아니라 죄수를 추궁하는 법정 같은 곳이 아닌가?

그다음은 회의 진행 방법이다. 개인적으로 가장 인상적이라고 생각한 두 가지 회의 방법론을 소개할 것이다.

첫 번째는 아마존의 6pagers다. 핵심은 읽지도 않고 화자의 말과 따로 노는 PPT 자료를 없애는 것이다. 오직 텍스트로 작성된 5, 6쪽짜리 어젠다를 그 자리에서 20여 분간 읽고 그렇게 이해한 내용을 토대로 Q&A 형식의 회의가 진행된다. 발표자는 없고 질문이나 의견에 대한 답변을 주고받는 주관자만 있다.

자연스레 참여자들의 해당 어젠다에 대한 이해도가 올라가고 자신의 위치 역할과 직/간접적으로 연관된 의문이나 제안 사항이 더 깊은 수준으로 나올 수밖에 없다. 회의에 참석해서 조용히 20여 분 동안 어젠다를 공부하는 모습이 생소하지만 효과는 만점이다. 적어도 표면적으로 훑는 수준에서 한 단계 깊은 수준의 논의가 가능해진다.

두 번째로 참고해볼 만한 회의 형태는 픽사의 브레인트러스트다. 프로젝트의 중간중간 미완이지만 대략의 경과를 담은 프로토타입을 가져와 브레인트러스트를 소집하고 참석자들의 솔직한 의견과 대안을 듣는 시간이다. 픽사는 이 결과물을 스토리릴story reel이라 부르는데 대개는 형편없는 수준으로 참가자들의 서슬퍼런 피드백을 듣게 마련이다. 이 과정을 통해 픽사는 미약했던 최초의 작품을 다듬어 매해 수많은 사람들의 마음을 울리는 명작들을 배출해왔다.

이 역시 회의 참가자 모두 회의 주제story reel에 대해 상당 수준 전문가적 깊이를 가진다. 아무것도 모르는 사람이 개인의 경험과 관점, 고정관념에 근거해 연관성 없는 생각을 툭툭 던지는 것은 별 의미가 없다.

사람에 대한 공격이 아닌 오직 작품(결과물)에 대한 견해만을 날카롭게 전달하고 받아들이는 입장에선 겸허히 의견을 수렴한다. 제시된 아이디어나

의견을 받아들일지 여부는 당사자 본인이 결정하고 그 결과 역시 본인의 몫이다. 최대한 솔직하게 자신의 의견을 밝히는 것은 참석자들의 의무다.

물론 현실적으로 어려움은 있다. 우리 회사는 아마존도 아니고 픽사도 아니다. 우리는 스티브 잡스도 아니고 에드 캣멀이나 존 라세터도 아니다. 이미 이들은 자신의 분야에서 길을 찾아 일정 기간 갈고 닦아 최고의 위치에 오른 프로페셔널들이다. 사실 어떤 방법론을 써도 스스로 그 안에서 최선의 선택을 할 수 있는 사람들일 것이다.

그렇다고 좌절할 필요는 없다. 그들이 하는 행동을 가만히 들여다보고 왜 그렇게들 하는지 본질을 찾아 우리식으로 만들어낼 수 있다면 'why not'이다. 세상에 정답이란 없으니까.

우리는 그동안 그와 정반대의 미팅을 수없이 해댔다. 참석해도 그만 아니어도 그만인 곳에 앉아 영혼을 상실한 채 시간만 흘려보냈다. 기왕 참여한 회의라면 1인치라도 성장에 도움이 되는 시간이어야 한다. 상대에도 좋고 나에게도 이득이 되는 시간을 스스로 만들어야 한다.

회의를 회의감에서 구해낼 때다.

4시간만
일하게 하라

하루 4시간만 일하게 하자.

아니, 회사 망하게 할 일 있어? 라며 가슴을 쓸어내렸다면, 미안하지만 농담은 아니었다고 다시 한번 확인해 주겠다.

내 구성원들을 4시간만 일하게 하자. 이왕이면 하루 4시간 받고 주4일제까지 더블로 가는 것은 어떨까? 장담하건대 이렇게만 할 수 있다면, 회사는 비상할 것이다.

어렵게 제도화한 주 52시간 근무제마저 90시간 이상으로 되돌리려는 움직임이 보이는 지금, 기업가 입장에서는 위험해 보일 수 있는 이런 생각은 대체 어디에서 나왔을까?

칼 뉴포트는 1993년 에릭슨의 논문 [전문가 수준의 실력을 얻는 일에서 계획적 수련이 맡는 역할]을 소개하며 '일반인은 하루에 한 시간 정도 집중하는 것이 한계, 반면 전문가는 4시간까지 가능하지만 그 이상 늘리는 경우는 드물다'···하루에 딥워크를 할 수 있는 능력이 제한되어 있다"라고 했는데 일하는 자신을 물끄러미 되돌아보면 대번에 알 수 있는 사실에 가깝다.

일을 하며 몰입의 순간에 빠져들었던 시간은 과연 얼마나 될까? 일반인은 하루 한 시간 정도가 한계라는 주장이 조금 과장 되었을지 몰라도 하루 4시간 이상을 연속으로 집중해본 적이 있었던가?

물론 이들의 말이 정답은 아닐 수 있다. 나는 그 이상도 집중할 수 있는데? 라며 부인하는 공붓벌레들도 있을 테고, 인간의 능력에는 한계가 없다라는 스펙트럼의 유연성을 감안하면 4시간 이상 집중할 수 있는 사람도 어딘가에 있을지 모른다. 더구나 시험 등 중요한 일을 앞둔 단기간이라면 4시간 이상 집중했다고 확신하는 사람도 많을 것이다.

"Pay attention"이라는 영어 문장을 살펴보자. '주의를 집중하다'라는 뜻이다. 문득 궁금해진다. 왜 군이 focus가 아닌 Pay를 썼을까? 직역하면 '주의를 지불하다'라는 뜻이 되기 때문이다.

심리학의 대가 로버트 치알디니는 "Pay attention에는 대가가 따른다. 공짜가 아니란 말이다. 자원이다"라고 주장했는데 여기에서 그 비밀이 풀린다. 즉 인간의 주의력은 무한정 쓸 수 있는 태양광이 아니라 이를테면 휴식이라는 충전을 통해 채워 넣어야 하는 휴대폰 배터리와 같은 개념이다. 아무리 집중력이 좋은 사람이라도 몇 시간 이상 연속으로 집중하기 힘들고 하루 온종일을 초집중 상태로 보낼 수는 없다는 말이다. 이는 자연의 이치와 같다.

비현실적으로 보였던 하루 4시간 근무론은 바로 이런 맥락에서 나온다. 한 시간이든 네 시간이든 정확히 몇 시간이냐의 논의를 넘어 하루에 쓸 수 있는 주의력의 한계가 정해진 것이 사실이라면 이미 한계를 넘어선 사람에게 일을 추기히는 일이야말로 시간 낭비에 그친 것이기 때문이다.

그래도 현실적으로 어렵지… 두려움이 앞선다면, 대안은 있다. 하루를 집중근로 시간과 그 외의 시간으로 나눠 사용하는 것이다. 주 52시간 제도가 본격화되면서 이미 많은 기업들이 자율근무제, 탄력근무제를 시행하고 있다. 그 과정에서 근무시간을 선택하는 탄력근무제는 집중 근로 시간과 직접적으로 연동이 된다. 출퇴근 시간은 탄력적으로 조정하되 모두가 함께 하는 공통의 시간인 집중 근로 시간은 지정해 놓는 형식이다.

그저 형식적인 집중근로가 되지 않으려면 실제 업무 환경을 취지에 맞게 바꿔야 한다. 딱 4시간만 근무하라는 의미가 아니라 집중근로시간 4시간은 타인의 방해 없이 오롯이 자신의 일에만 집중하도록 환경을 만들어 주는 것이다.

스마트폰, 사내 메신저, 이메일 등 주의력을 소모할 수 있는 여타의 주변 환경을 완전히 차단하고 본연의 업무에만 몰입할 수 있도록 한다.

최소한의 주의력만으로도 가능한 루틴한 일들, 예컨대 정보공유 미팅, 이메일 업무, 메신저 등은 집중 근로 시간 외로 몰아 효율성을 높여주는 것이다. 더 확신만 있다면 하루 시간의 20% 정도는 아예 일과 직접적 관련이 없는 일이라도 허용해주고 이를 다음날 집중력을 위한 충전의 개념으로 활용할 수 있도록 배려하는 것도 방법이다.

구글이나 픽사 같은 창의적 기업들이 업무 시간 20%를 업무 외로 사용할 수 있도록 배려하는 이유는 그 시간이 일에도 도움이 되기 때문이다. 도움이 되는 정도가 아니라 창의력의 핵심이라고 보는지도 모른다.

픽사의 스토리텔러 매튜툰은 "픽사의 어떤 동료들은 이미 직장 업무 외 프로젝트를 진행하고 있었다. 단편 영화를 만들거나 동화책을 쓰는 직원도 있었다. 직원이 업무 외 분야에 창의적 재능을 발휘하도록 허락하면 그

직원은 행복감이 커지고 거기서 얻은 긍정적 경험을 다시 회사로 가져오는 선순환이 이루어진다. 세계 최고의 기업들 중 상당수가 이미 그렇게 하고 있다"고 말했는데, 인간은 하루 종일 일한다고 효율이 일정하게 유지되는 로봇이나 AI가 아니라는 사실을 명확하게 입증해주고 있다.

그동안 성장 위주의 산업사회에서 '능력 있는 사람=근면 성실한 사람'이었다면 이 가정은 이제 틀렸다. 자신에게 주어진 주의력만큼 최대한 집중해서 최고의 효율을 만들어 내고 다음 날을 위해 충분히 쉬고 즐길 줄 아는 사람이 각광받는 시대가 됐다.

일을 많이 한다고 양질의 결과가 나오지 않는다. 오히려 그 반대에 가깝다. 영혼과 의지력, 주의력을 몽땅 상실한 상태로 겉으로 일하는 척만 하는 사람들은 그동안 회사를 좀먹고 힘들게 만든 주역이었는지도 모른다.

쉴 때는 더할 나위 없이 쉬게 해주자. 2주 아니 그 이상의 휴가도 떠날 수 있도록 배려하자. 하루 4시간, 주4일 근무가 현실적으로 받아들이기 어렵다면 주의력은 소모품이라는 진리만은 잊지 말자.

잘 노는 사람이 일도 잘한다는 말이 괜한 소리가 아니다.

팀이 될 결심

여기 이런 팀이 있다. 고지식하고 일밖에 모르지만 사내 정치에는 관심 없고 자신의 안위보다 부하직원들을 위해 희생하고 머리를 숙일 줄 아는 팀장. 조직의 생리에도 나름 밝고 성취에도 욕심이 있지만 오해했거나 부족한 점을 깨달으면 그 즉시 인정하고 고칠 줄 아는 과장. 팀의 허리 위치에서 둥글둥글 원만한 성격이지만 목소리를 내야 할 때 낼 줄 알고 맡은 바 업무에 실수가 없는 대리. 고졸 낙하산 계약직이지만 참을성만큼은 타의 추종을 불허하는 데다 남들이 미처 보지 못한 통찰력을 발휘해 중요한 순간 결정적 기여를 하는 신입사원.

이런 비현실적인 사람들로 구성되어 한 몸처럼 돌아가는 팀이 있을까? 있다. 드라마 〈미생〉의 돌격대 영업3팀의 이야기다. 막상 극중에서는 자질구레한 일이나 맡아 뒷처리하고 사무실도 화장실 옆을 벗어나지 못하는 천덕꾸러기 취급을 받는 이 팀, 일만 본다는 그럴듯해 보이지만 비합리적인 명분으로 큰 프로젝트 하나 따오지 못하는 팀장은 능력 부족 아닌가라는 지극히 현실적인 비판도 많았음을 인정한다.

심지어 매번 갈구고 인간적으로 모욕해도 큰 프로젝트 척척 잘 따와서 성과 내는 팀장이 최고라는 극중 대리들의 뒷담화는 우리의 마음속 깊은 곳 진심을 그대로 대변한다. 그럼에도 불구하고 팀은 이래야 한다 라는 소신에서는 물러서지 못하겠다. 팀의 기본에 대해서라면 더더욱.

기업의 팀은 물론 동호회나 동아리가 아니다. 단지 분위기가 좋다고 해서 좋은 팀일 수 없다. 그러나 팀은 한 개인의 일상에 가장 큰 영향력을 주고받는 토대라는 점을 감안하면, 인간적 유대감을 바탕으로 각자의 개성이 조화롭게 구성된 팀이 최후에 이기는 팀이 될 가능성이 더 크다.

메러디스 벨빈은 조직에서 가장 유능한 에이스들만 따로 모아 만든 '아폴로 팀'이 실제 성과에 있어서는 중하위권 수준을 면치 못했다는 실험 결과를 전하며 아무리 똑똑하고 유능한 개인도 혼자 할 수 있는 일에는 한계가 있다는 사실을 증명했다. 세계 최고의 선수들로 구성됐지만 조율되지 않은 팀십으로 별 볼 일 없는 성적을 낸 스포츠팀의 사례도 이를 뒷받침한다.

팀구성은 생각보다 중요한 작업이다. 아니, 조직관리의 모든 것이다. 그저 한 팀에서 일한다고 팀이 아니다. 각자 전담일이 있어 A~Z까지 처리하고 있다면 프리랜서의 집합일 뿐 팀이라고 부를 수 있을까?

이 중요한 작업을 우리 기업들은 어떻게 해왔는가? 사실상 복불복으로, 감으로, 내 개인적 취향으로 팀원을 선택하고 팀에 배치해오지 않았는가? 기껏해야 지원 당시 지원 희망 부서나 전공을 참고했을 뿐이다.

개인 또한 자신의 성향이나 선호 직무에 따라 팀을 선택하는 경우는 드물다. 부서장의 취향에 따라, 팀의 사정에 따라 자신의 의사와는 상관없이 배치를 받았을 뿐이다. 어차피 어떤 부서건 일단 들어가서 기본부터 배워야 한다는 생각에 회사나 입사자 모두 별다른 저항도 없다.

사내 팀 기능이 전문화되어 있지 않다는 사실을 스스로 증명하는 꼴이다. 자신의 적성도, 강점도, 약점도 무시된 채 그저 누구나 시간이 흐르면 자연스레 숙련되는 수준의 일을 하면서 그 어디에도 쓸데없는 제너럴리스트로 전락하게 된다.

이 최초의 결정이 훗날 나비 효과가 되어 강력한 무기를 갖춘 프로페셔널이 되느냐 양산형 제너럴리스트가 되느냐의 갈림길에 커다란 영향을 미친다. 이를 감안하면, 회사 차원의 팀 구성과 개인 차원의 직무 선택은 처음부터 철저히 전략적이어야 한다.

첫째, 썩은 사과를 제거해야 한다.

입사 과정에서 사단(측은지심, 시비지심, 수오지심, 사양지심)을 구조화하여 질문지를 만들고 이를 토대로 사람을 검증했다면 일단 안심이다. 그래도 마음을 놓을 수는 없다. 우리 주변에 존재하는 소소한 소시오패스, 생각하는 포식자들은 연기의 달인이기 때문이다. 검증과정의 사각지대를 뚫고 이들이 들어왔다면 해당 조직의 구성원들이 고통을 겪는 일은 시간문제다.

특히 팀을 이끌어가는 리더가 그런 종류의 사람이라면 골치 아프다. 당장 팀을 바꿀 수도 없고 그만두지 않을 요량이라면 참을 인자를 그리며 일하게 될지도 모른다. 공감능력이 없고 양심의 가책을 느끼지 않으며 과정보다는 결과에만 치우친 극단의 결과지향주의자를 주목하고 관찰하라. 혹시 모르게 섞였을 썩은 사과는 회사 차원에서 신중히 가려내고 족족 제거해야 한다.

둘째, 개인의 업무 성향에 대해 면밀하게 진단하고 그 균형을 이루어야 한다.

공신력 있는 분석툴을 활용해 팀원들의 업무 성향을 진단하고 그에 따른 균형을 이루도록 팀원을 구성해야 한다. 물론 사람의 성향은 고정불변이 아니다. 언제든 상황에 따라 이전과는 다른 입장을 취하고 행동할 수 있다. 변함없는 사실은 인간은 다양성이 표준이라는 사실 뿐이다.

그럼에도 자신이 조금 더 자신 있고 익숙한, 불편하고 꺼려지는 영역이 있게 마련이다. 자신의 장단점과 명확히 연계되어 강점은 강화하고 약점은 최소화할 때 최상의 결과물을 만들어낼 가능성은 커진다.

메러디스 벨빈의 '9role' 이론에 따르면 개인의 업무 유형은 '안정된 외향형', '불안한 외향형', '안정된 내향형', '불안한 내향형'의 4가지 범주로 크게 분류되고 개인은 창조자, 자원탐색가, 조정자, 추진자, 판단자, 팀워크 조정자, 실행자, 완결자로 나뉜다.

물론 이런 형태의 진단 툴은 그 종류도 다양하다. 요즘 MZ세대에 유행한다는 MBTI도 전부터 업무 성격 진단 툴의 하나로 사용되어 왔던 방법론 중 하나다(물론 진단의 공신력에 있어 문제의 소지가 있긴 하지만).

어떤 방법론이 정답인가? 의 문제가 아니라. 그것이 무엇이든 검증된 진단 툴을 통해 함께할 팀원들의 업무 성향과 강점, 단점을 구체적으로 파악한 후 균형 있는 팀 역할을 구성할 수 있어야 한다는 말이다.

팀은 말 그대로 다양한 주체들의 조합이다. 하나의 공통목적을 향해 자신의 역할을 최대치로 발휘해 미션을 함께 수행하는 일이다. 이를 위해 똑같은 성향의 사람들이 모여 똑같은 역할을 반복적으로 중복해서 수행할 필요는 없다.

이왕이면 여러 강점을 가진 사람들이 빠짐 없이 모여 각자의 강점을 극대화하고 내게 없는 부분은 동료에게 도움을 받을 수 있을 때 진정한 시너지를 일으키는 완벽한 팀에 접근할 수 있다.

공식적으로 진단을 하지 않더라도 팀원 구성전에 팀 리더의 진정 어린 관찰과 세심한 질의응답으로 현재 우리 팀에 필요한 역할과 강점, 그리고 이미 채워져 있거나 넘치는 역량은 무엇인지 파악하고 있어야 한다.

서로를 믿고 의지하고 배려하는 인간적인 끈끈함, 각자의 역할이 촘촘하게 균형을 이루는 팀이라면, 한번 해볼만 하지 않은가? 이런 팀들이 얼마나 많이 탄생하느냐에 따라 회사 전체의 경쟁력도 함께 올라간다.

팀 구성을 전략적으로 하라. 팀은 환경이다. 좋은 팀은 그 안에서 스스로 융합하고 함께 성장하는 화학 작용이 끊이지 않는다. 그런 팀은 겉에서 봐도 티가 난다. 생명력이 있다.

팀원들의 입을 통해 '이런 팀이라면, 이런 팀장과 함께라면 일하고 싶다'라는 말이 절로 나와야 한다. 군이 말이 없어도 그들의 눈빛을 보면 알 수 있다.

PART

4

Trust

네번째 MEET은 신뢰, 곧 Trust다. 인간관계에 있어 가장 중요한 가치는 무엇인가라고 누군가 묻는다면 조금도 주저 없이 '신뢰'라고 말할 것이다.

신뢰는 새 종이와 같다. 누군가 종이를 구겨버린 순간. 종이는 원상태로 되돌리기 힘들다. 불가능하진 않겠지만 그 시간과 노력을 쏟을 바엔 구겨진 종이는 버리고 새 종이를 구하는 편이 낫다.

당신은 한 번이라도 신뢰가 무너진 사람과 혹은 처음부터 신뢰가 없는 누군가와 깊은 관계를 맺고 또 이어가고 싶다는 생각을 해 본적이 있는가? 아마도 없을 것이다.

그럼 그 대상을 조금 넓혀서 회사라면 어떨까? 신뢰가 없는 혹은 신뢰가 망가진 회사와 깊은 관계를 맺고 싶은가? 그리고 그 관계를 이어가고 싶은가? 어? 이건 잘 모르겠는데 싶다면,

그렇다. 생각 외로 회사에 대한 신뢰가 없으면서 회사를 다니는 직장인들이 많고 자기 직원에 대한 신뢰가 없으면서 일을 시키는 경영자가 많다. 일단 채용되어 입사를 하게 되면 관성적으로 서로를 대하기 때문이다. 딱히 어떤 신뢰를 쌓으려는 노력은 없고 정해진 시스템, 관행에 적응케 하고 또 적응하는 것 그 이상도 이하도 아닌 이런 관계는 생각보다 일반적이다.

하긴, 요즘 어느 누가 회사에 몸과 마음을 바쳐 충성하고 있습니다. 할까? 회사 역시 구성원을 언제든 떠날 사람으로 간주하고 그래도 그만이란 자세로 대하고 있지 않은가?

이들에게 신뢰란 그저 일하다 보면, 서로 부딪치다 보면 절로 생기는 것쯤으로 대수롭지 않은 가치일지도 모른다. 신뢰가 생기면 좋고 안 생겨도 그만이다. 왜 이렇게 됐을까? 단순히 근로계약을 맺어진 갑과 을의 관계라고

생각하기 때문은 아닐까? 계약서 하나로 이어졌지만 언제든 끝낼 수 있고 또 끝내 버릴 수 있는 지극히 건조한 사이 말이다.

신뢰는 직장생활에 대단히 중요한 하나의 팩터로 관리되는 것이 아니라 철저히 불확실성과 우연성에 기댄다. 취업과정 자체가 그렇다. 이 회사가 정말 좋아 처음부터 애정을 품고 지원한 것이 아니라 그저 운이 닿아 입사한 것 뿐이다.

입사 후에도 운이 좋으면 괜찮은 사람을 만나 별탈 없이 일을 하는 것이고 그 반대의 경우라면 그저 운이 나빠 똥 밟은 것쯤으로 여기는 것이다.

회사든 구성원이든 서로 믿지도 않으면서 같은 목적을 향해 한 마음으로 달려가고 있다고 말할 수 있을까? 언제 배신할지 모르는 사람을 옆에 태우고 망망대해를 항해해온 것일까? 이들과 내 인생의 황금기, 하루의 가장 많은 시간을 부대끼고 감정소비를 하면서 지내도 되는 걸까? 새삼 식은땀이 흐른다.

이래선 안 되겠다. 평생은 아닐지라도 이왕 이곳에 몸담게 된 것, 긍정적인 마음으로 고쳐 먹고, 같은 배를 탔다는 동료 의식을 가지고 결정적으로는 신뢰를 갖고 함께하는 것이 어떨까?

신뢰는 관계의 정점이다. 일방적이어서는 좀처럼 생기지 않는다. 구성원이 긍정적으로 믿어볼까? 마음을 먹었어도 회사가 의지를 가지고 노력하지 않으면 결코 생기지 않는다. 회사가 구성원에 주는 신뢰는 다름아닌 언행일치에서 생긴다.

한두 번의 일시적 사건으로 만들어지지 않는다. 오랜 시간에 걸쳐 뱉은 말은 행동으로 옮기는 축적의 시간을 거쳐 다져진다. 회사의 비전, 정책, 제도는 구성원에 대한 약속이다. 구성원들은 끊임없이 회사의 약속을 주시한다. 말과 행동이 일치하는지를 쉬지 않고 관찰한다.

'믿을 만합니까?' 라고 묻고 '네 믿어보세요' 라고 답하는 일만으로는 알 수 없는 일이다. 이런 하나 마나한 질문으로 이 회사와 그 사람이 믿을 만한 지 알 수 없다.

특히 위기나 압박 상황에서 회사가 리더가 그리고 구성원 개개인이 어떻게 행동하는지를 유심히 지켜보면 알 수 있다. 어떤 말을 내뱉고 또 실제 그렇게 행동을 하는지 그 처음과 끝을 면밀히 관찰해야 한다.

압박 면접이랍시고 '개인적으로 중요한 일정과 회사에서 필요한 일정이 겹쳤을 때 어떤 선택을 할 겁니까?' 따위 곤란한 질문을 던지고 당황하지 않는 모습을 체크하는 것만으로는 절대로 알 수 없다는 뜻이다.

이런 상황에서 전혀 당황하지 않고 감정의 동요 없이 침착하게 자신의 의견을 전달하는 사람은 공감능력이 제로에 가까운 소시오패스일지도 모른다. 말 뿐인 말에 속아서는 답이 없다.

"더는 구조조정을 하지 않겠다" 라는 약속을 하고도 "경영 상황이 안 좋아서 어쩔 수 없다" 라고 말을 뒤집을 때 신뢰는 깨진다. 그런 일들이 주저없이 반복되는 회사라면 MEET이, 신뢰가 심각하게 빠진 상태인 것이다. 신뢰는 밑MEET의 가장 최후의 보루다. 신뢰가 깨진 조직에서 우리는 그 무엇도 함께 이룰 수 없다. 무엇을 하든 그 불신이라는 거대한 구멍속으로 줄줄 새어 버릴 것이다. 이런 회사에서 일하고 있다면 충고한다. 서둘러 도망가라.

철학자 알폰소 링기스는 이렇게 말했다 "일단 누군가를 신뢰하기로 마음먹으면 우리의 정신속으로 평안함 뿐만 아니라 자극과 흥분이 파고 들어온다. 신뢰란 다른 생명체와 맺어진 관계 가운데 가장 큰 기쁨을 준다."

어떻게 하면 신뢰라는 기쁨의 MEET을 다질 수 있을까? 자, 이제 마지막 여정이다.

MZ세대와 라떼 사장님이 함께 만드는 조직문화

양치기 소년이 온다

회사마다 신화가 있다. 무모하지만 일단 도전하고 보는 돈 키호테 신화, 매번 간만 보다 금세 포기하고 마는 신포도 신화, 매너리즘에 빠져 현재에 안주한 사람들이 득실거리는 우물 안 개구리 신화, 착한 스머프들을 못 잡아먹어 안달인 가가멜 신화 등등 내부의 모습을 알기도 쉽고 의미 있는 상징을 저마다 하나씩은 가지고 있다. 종종 술자리에서 안주거리로 회자되기도 하고.

그 중 가장 무서운 신화가 있다. 바로 '양치기 소년' 신화다. 양을 치던 소년이 심심한 나머지 늑대가 나타났다는 거짓말로 마을 사람들을 놀라게 한다. 소년을 돕기 위해 달려왔던 사람들은 장난임을 알아채고 가슴을 쓸어내리지만 이런 장난이 반복되면서 정작 진짜 늑대가 나타났을 때는 도움을 받지 못하고 양을 몽땅 잃었다는 유명한 이야기 말이다.

회사의 사장이나 고위 경영진은 양치기 소년과는 급이 다르다. 이들의 말과 행동은 언제나 일반 구성원들의 주목 대상이다. 별 생각없이 뱉은 말도 메시지가 되어 의미를 부여하고 현장으로 돌아가 부풀려지기 일쑤다.

이들도 사람이다. 늘 자기가 한 말을 100% 행동으로 옮기기란 쉽지 않다. 의도가 있었던 없었던 관심의 대상인 만큼 언제든 언행불일치할 가능성은 존재한다. 이 사실을 인지하고 조심하지 않으면 자기도 모르는 새 '우리 사장은 거짓말쟁이'라는 신화가 자리잡게 될지 모른다.

특히나 위기 상황에서 구성원들의 거취에 직접적인 영향을 미치는 민감한 말들을 생각없이 내뱉고 금세 주워 담는 행위는 자폭 행위나 다름없다. 거대한 댐에 생긴 작은 균열이 마침내 댐의 붕괴로 이어지는 일이다. 신뢰가 무너져 회사의 영이 안 선다.

그야말로 백약이 무효인 최악의 악순환에 빠진다. 위기를 느낀 사람들은 서둘러 침몰하는 배에서 탈출한다. 신뢰라는 거대한 구멍이 뚫린 상황을 알면서도 남아 있는 사람들은 애석하게도 다른 배로 옮겨 탈 능력이 없는 사람들 뿐이다. 어찌어찌 구멍을 틀어 막고 침몰을 면한다 해도, 한번 망가진 문화는 정상으로 되돌아오기 힘들다.

16년간 몸담았던 회사는 국내 세 손가락에 꼽히는 대기업에 관계사였다. 규모 면에서나 영향력 면에서 비록 마이너리티였지만 오랜 역사와 나름의 성공 스토리를 가진 전통 있는 기업이었다. 그러나 위기가 닥치자 과거의 영광은 사라지고 조직 내에 생길 수 있는 온갖 부정적 요소들이 고개를 쳐들기 시작했다.

오너의 잘못된 투자 판단으로 손익구조에 구조적 결함을 안은 채로 10년 가까운 침체기를 겪었다. 그 사이 캐시 카우 역할을 하던 사업은 재승인에서 탈락하고 적자 폭은 100억대를 넘기면서 회사는 나락으로 떨어졌다.

이 과정에서 전가의 보도, 구조조정이 본격 시작됐다. 도합 3번의 구조조정이 실시됐고 1500명에 달하던 인원은 1000명 수준으로 줄었다. 약 1/3의 사람들이 잘려 나간 것이다. 직장인에게 해고를 당하는 일만큼 충격적인 사건이 또 있을까?

경영진은 그 과정에서 신뢰를 완전히 잃었다. 물론 모두가 해피한 구조조정이 있을 수 없겠지만, '경영위기'를 방패삼아 당연한 듯 사람을 잘라내는 데 열을 올리며 이곳저곳에 큰 상처를 남겼다.

오직 그 일만을 위해 모기업에서 낙하산으로 내려 꽂힌 그들은 구성원에 대한 인간적 애착이나 신뢰는 조금도 없는 상태로 어떤 일이 있어도 목표를 달성하겠다는 목적의식이 투철했다. 해고 목표를 달성하느냐? 가 성과가 되어 재계약이 걸린 문제이기도 했다.

두 번째 구조조정을 성공적(?)으로 마무리하고 경영진은 이런 식의 인위적 구조조정은 없을 것이라고 공식적으로 선언했다. 그리고 1년 후 공언과 달리 물밑으로 정리해고 대상자 명단을 만들고 세번째 구조조정을 추진해 수십명을 해고했다.

이 과제를 완수한 사장, 인사담당임원, 인사팀장은 그해 연말 좋은 평가를 받고 다음을 보장받았다.

현장은 잘려 나간 사람과 그 사이 수년간 중단된 신규채용으로 인력부족에 시달렸다. 회사는 번번히 인력 문제를 해결하겠다는 약속을 어겼고, 마침내 양치기 소년 신화는 완성됐다.

회사의 모든 일에 불신했다. 회사는 지속적으로 사람들을 기만했다. 구성원들을 위한다는 명분으로 각종 제도를 바꿨지만 그 역시 현장 사람들을 힘들게만 할 뿐, 정작 제도 변경의 결과물, 성과는 회사 측에 돌아갔다.

그들은 현장과 사람들의 희생을 자신들의 성과로 돌리는 데 여념이 없었다. 진실을 숨기기 위해 익명 게시판을 없앴고, 조직문화 기능을 해체해 무력화했다. 사장을 포함한 경영진은 새로운 비즈니스 모델로 돌파구를 찾겠다며 수개월의 시간과 컨설팅을 받는 데 수십억을 날리고 그마저도 현실화하지 못한 채 쫓기듯 조직을 떠났다.

그 결과 남은 사람들에겐 회사와 경영진에 대한 극도의 불신과 뭘 해도 안된다는 패배주의만이 폐허처럼 남았다. 그 책임은 오롯이 누가 져야 하는가? 활력과 동력을 모두 잃은 양치기 소년 신화가 마침내 완성된 조직을 두 눈으로 목격했다. 남은 이들이 폐허속에서 미래를 위해 할 수 있는 것은 무엇일까?

신뢰는 위기의 상황에서 위력을 발한다. 회사가 어려우니 고통도 함께 분담하며 같이 해결해 나가자 라는 말이 통하려면 무엇보다 신뢰가 필요하다.

당장의 위기를 모면하기 위해 지키지도 못할 약속을 남발하고 손바닥 뒤집듯 약속을 내팽개치는 행위는 최악이다. 당장은 괴롭지만 어떻게든 진실을 제대로 알리고 어려우면 어렵다고 솔직히 털어놓고 도움이 필요하다고 낮은 자세로 임할 망정, 시간이 지나면 금세 탄로날 거짓으로 기만한들 언 발에 오줌 누기다.

거기에 실은 경영진과 일부의 성과를 위한 음흉한 속셈이 들어 있었다면 그리고 그것을 구성원들이 알아챘다면 불신지옥으로 가는 급행열차를 잡아탄 격이다.

한번 무너진 신뢰를 회복하기는 어렵다. 완전히 구겨진 종이를 새 종이처럼 만드는 노력 대신 그냥 새 종이를 준비하는 것이 더 나을지도 모른다. 신뢰를 잃은 조직의 부작용은 생각보다 깊고도 크다. 일단 뱉은 말은 목숨 걸고 지켜라. 상황이 안 좋으니까 이해해 주려니 오판하지 말라. 말하기 조심스럽다면 단언하고 확정하지 말라.

저기 늑대가 온다.

충고하지 말라는 충고

'충고하지 말라'는 말은 충고일까 아닐까? 충고다. 문장 자체로 모순이다. 티비에도 자주 등장하는 유명한 철학자가 강연에서 청중에게 했던 충고다. 심지어 자신은 절대로 남에게 충고하는 법이 없는 사람이라고 강조하기도 했다. 물론 그 말의 취지는 훌륭하다. 남의 의견에 휩쓸리지 말고 자신의 의지대로 결정하고 행동하라는 메시지이니 말이다.

그는 같은 강연에서 두 번의 명백한 모순을 저질렀다. 하루는 술자리에서 지인이 '예순이 넘어 배우는 재미가 그렇게 좋을 수 없더라'라는 말을 듣고는 술 맛이 뚝 떨어졌다는 것이다. 그리고는 이렇게 말했다고 한다.

"그 나이가 되도록 배우는 재미가 좋다니요. 이제는 그만 배우고 자기를 드러내세요."

이 역시 그 취지는 나무랄 데 없다. 어떤 나이가 되면 배움도 멈춰야 하는가? 라는 주장에 갸웃 하기도 하지만 방점이 자기 표현에 있다면 수긍할 만하다.

문제는 그 역시 타인에 대한 충고라는 점이다. 뭔가 이상하다. 분명 자신은 남에게 '절대로' 충고하는 법이 없다고 하지 않았는가? 말꼬리를 잡자거나 무작정 비난하려는 의미가 아니라 그 훌륭한 대학자마저 자신이 하는 말과 행동의 모순을 깨닫지 못할 때가 더러 있더라는 말이다.

그 많은 청중들 또한 바로 눈앞에서 일어나는 그의 말과 행동의 모순을 알아차리지 못했으니 일상에서 이런 종류의 모순은 얼마나 자주 일어날까? 그러고보니 '절대로'라는 말을 평소 달고 다는 사람 치고 제 말대로 이행하는 법을 못 봤다.

자신이 내뱉은 말을 의식하지 못한 상태로 정반대의 행위를 일삼는 사람들은 우리 주변에 수두룩하다. 나 또한 그중 하나일지도 모른다. 이런 일이 반복되면 듣는 사람도 언젠가는 알아챈다. 참 믿을 수 없는 사람이구나!

아니나 다를까. 그 철학자는 몇 년 후 모 일간지에 자신의 정치적 견해를 드러내며 정부를 비판하는 인터뷰를 자처했는데, 주장하는 바의 옳고 그름을 떠나 '한편에 서지 말라' '고정되지 말고 경계를 품으라'던 가르침을 스스로 깬 것은 물론, 짐짓 근엄한 표정으로 대중을 향해 충고를 하고 있더란 이야기다.

사장은 위기를 돌파한다는 명분으로 두 가지 가치를 동시에 강조했다. 바로 '고객중심'과 '매출신장'이었다. 얼핏 별문제 없는 것처럼 보이지만 실은 조금만 생각해보면 두 가치가 동시에 성립할 수 없는 상충된 개념이라는 것을 알아챌 수 있다. 같은 상황에서 두 가치가 충돌할 때, 현장의 구성원은 어떤 가치를 우선순위에 두어야 할지 양자택일해야 하기 때문이다.

고객과 매출, 하나를 선택하면 하나를 포기해야 하는 명백한 트레이드 오프trade off의 개념은 아니지만 분명 최우선순위에 있어 시차가 발생하는 가치임에는 틀림없다.

고급 레스토랑의 예를 들어보자. 매장의 지배인은 고객중심과 매출신장이라는 두 가지 가치를 동시에 달성하겠다고 마음먹는다. 고객에게 친절하면 매출은 자동적으로 따라오게 마련이다. 당장 여기에서도 두 가치의 선후 관계가 나뉜다. 고객에게 먼저 잘하면 매출이 따라온다. 이는 결코 동시에 성립되는 개념이 아니다.

실제로 이 두 가치가 같은 상황에 동시에 충돌할 경우 현장에선 매출 우선을 최우선 순위로 선택할 가능성이 높다. 눈에 보이는 매출로 윗선에서 지적을 받거나 칭찬을 받기 때문이다.

지배인은 결심한다. 매출을 끌어올리기 위해 객단가를 낮추고 점심 특선에 한해 1+1 프로모션을 기획한다. 애초에 고가로 알려진 레스토랑에서 특별 할인에 1+1까지 한다고 하니 그 당장 반응이 온다. 그런데 문제는 기존의 고객성격과는 다른 새로운 유형의 고객들이 밀려든다.

진입 장벽이 낮아지면서 SNS용 사진을 찍기 위해 방문하는 단기 고객들이 급증한 것이다. 자연히 일손이 부족해진다. 기존의 고객들은 갑자기 바뀐 분위기에 당황스럽다. 매출을 최우선 순위로 결정했기에 기존 고객들의 불만이나 고급 레스토랑 답지 않게 시장통처럼 변해버린 분위기는 뒷전이다. 자연스레 서비스의 질이 떨어진다. 고객들의 컴플레인에 적극적인 대응도 어렵다.

결국 최우선으로 밀어붙인 매출은 늘었지만 객단가를 낮춘 덕에 손익은 악화되고 구성원들의 신체적 정신적 피로도는 급증했다. 기존의 충성 고객들은 떨어져 나가고 일회성 고객들만 증가해 프로모션의 약발 또한 한계에

도달한다.

경영진은 여전히 깨닫지 못한다. 고객중심과 매출신장을 동시에 달성하라고 했더니 왜 고객의 마음이 떠나고 컴플레인이 급증하는지, 그래도 매출은 늘고 있다고 하니 고객의 불만 쯤이야 대수롭지 않게 생각한다.

이 회사가 말하는 고객중심은 과연 무엇이었는가? 대놓고 모순적인 가치를 추구하라는 경영층과 그 모순을 미처 인지하지 못하고 결국 눈앞에 보이는 이익에만 집착하는 현장의 리더들, 그 사이에 끼어 모두가 우왕좌왕하는 사이 이 토끼 저 토끼 모두 놓치고 만다. 누구를, 그리고 어떤 가치를 믿어야 할까?

조금만 깊이 생각하면 자신이 뱉은 말의 모순을 파악하고 진정으로 우리가 존재하는 이유, 미션에 꼭 들어맞는 가치를 추구할 수 있다. 그것이 경영진과 현장 리더의 진짜 역할이다. 스스로 자신하는 진짜 핵심가치와 고객에게 실제 행하는 행동이 일치할 때 모두의 신뢰를 비로소 얻을 수 있다.

눈앞의 이득에, 당장의 꼼수에 이리저리 휘둘려 절대로 잃지 않아야 하는 진짜 가치를 손쉽게 포기하는 기업에 마음을 내어줄 고객은 없다. 구성원도 마찬가지다. 결코 가능하지도 않고 억지로 흉내 내봐야 부작용이 더 클 일들을 강요하면서 그 모순을 깨닫지도 못하는 회사의 경영진과 리더들을 향한 불신의 구멍은 점점 커진다.

의식적으로 기만을 일삼는 진짜 악인이 아니라도 언제든 말의 앞뒤가 다른 모순적 행동을 할 수 있다. 회사를 이끄는 사장, 경영진의 일원이라면 자신 또한 불완전한 존재라는 엄연한 진실을 잊지 말라. 모두가 당신의 입과 행동에 주목한다.

리더인지 아닌지
어떻게 아는가

호텔엔 'Comp.'라는 문화가 있다. 현장 직원들이 고객에게 제공하는 무료 식사, 음료 정도 되겠다. 고객의 컴플레인을 현장에서 즉시 해결할 수 있도록 일정 범위 내에서 자율권을 준 것이다.

고객의 컴플레인은 발생 초기가 아니라 회사의 대응으로 완성된다. 발생 시점에 가벼운 현장 조치로도 얼마든지 해결될 수 있는 문제를 회사 측에서 안일하게 대응하다 크게 번진다는 말이다. 고객접점 Mot moment of truth에서 현장 직원 각자의 판단에 의해 즉각 사용할 수 있는 comp. 문화는 경영진과 현장 사이 신뢰와 질 높은 서비스의 상징과도 같다.

실제 미국의 모호텔 체인은 현장의 가장 말단 직원까지 정식절차 없이 3,000달러 수준에서 Comp를 가용할 수 있도록 허용해 고객의 컴플레인을 줄이고 만족도를 높여 금융위기 시절 호텔 체인 중 유일하게 흑자 경영을 유지한 사례로도 유명하다.

국내의 모 호텔은 어느 날 이 Comp 문화를 전격적으로 없앴다. 필요한 경우 정식 절차를 거쳐 현장 지배인, 경우에 따라 총지배인의 승인을 받고 무료 식사나 음료를 제공하라는 조치다. 호텔 출신이 아닌 공대를 나온 종합 상사 출신 사장이 부임하면서 벌어진 일이다.

표면적 이유는 현장 직원들의 Comp 남용이었다. 실제 허용가능한 범위를 과하게 초과한 현장 리더들의 남발사례가 적발되면서(예컨대 업장의 와인이나 식재료, 기물 따위를 사적으로 이용했다던지) 느슨한 업무 윤리가 문제가 됐다.

마침 호텔의 경영 상황이 악화되고 적자 폭이 치솟자 생존을 이유로 비용절감의 명분을 맹목적으로 찾던 시기이기도 했다. 새로 바뀐 회사의 최고 경영진들은 옳다구나 칼을 꺼냈다. 현장에서 직접 가용할 수 있는 Comp를 아예 없애고 인력 운용을 포함한 리더의 권한 또한 일방적으로 축소했다. 한마디로 리더라는 이름과 책임만 남긴 허울 뿐인 허수아비로 만들었다.

'회사와 경영진은 현장과 그 리더들을 믿지 못한다'라는 직접적 시그널에 다름없다.

현장은 그 즉시 들끓었다. 문제가 있었던 것은 인정하지만 일부였을 뿐, 자정의 권고나 유예도 없이 오랜 전통이자 분명한 순기능을 갖는 문화를 단번에 없애고 현장 인원 전체를 마치 도둑집단처럼 모는 것 아니냐는 불만이 제기됐다.

실제 비위와는 관계없는 대부분의 현장 직원들이 받는 모멸감은 컸을 것이다. 현장을 조금도 모르는 탁상공론자들이 일을 벌였다고 수근거렸다. 현장조치의 생명은 적시성, 즉시성이다. 당장 펄펄 뛰는 고객 앞에서 간단한 무료 식사, 음료제공을 결정하지 못해 정식 절차를 거쳐 기안을 만들고 승인을 받아야 하는 상황은 적절한가?

자연히 현장 인원들은 몸을 사리기 시작했다 고객들의 컴플레인 앞에 음료 한잔 서비스하는 일도 선뜻 결정을 하지 못하고 초기 대응의 골든타임을 놓치기 일쑤였다.

회사가 결정한 것이니 나는 이제 모른다! 라는 체념, 혹은 망해봐라! 반발심리가 크게 일었다. 이는 곧 경영진에 대한 냉소와 불신으로 이어졌다. 현장의 리더들은 노골적으로 자신은 이제 리더가 아니라며 명백히 선을 그었다. 권한은 없고 책임만 지라는 이 자리를 고스란히 반납하겠다고 말했다. 그저 연차가 높은 일반 구성원일 뿐 무슨 일을 할 수 있느냐 라고 반문했다.

물론 일이 이렇게 된 데에는 자신의 권한을 사적으로 남용한 일부 리더들의 일탈이 한 몫 했다. 그럼에도 불구하고 유지해야 할 것과 손봐야 할 것을 구분하지 못하고 현실에 동떨어진 일방적 정책을 한순간에 결정해 전격 시행한 경영진의 섣부른 행태는 두고두고 논란이 됐다.

빈대 잡으려다 초가삼간 태운 꼴이다.

서로를 믿지 못한 경영진과 현장리더 그리고 그 사이에 숨죽이고 이들을 지켜보는 대다수 현장의 인원들 누굴 믿고 무엇을 위해 일을 해야 할까?

어려운 시기 함께 힘을 합쳐 한마음 한뜻으로 위기를 돌파해도 모자를 판국에 나는 너를 믿지 못한다 라는 시그널을 대놓고 주고받는 일련의 사건은 누구를 위한 또 무엇을 위한 조치였을까?

회사와 경영진은 이 조치를 통해 얻은 것이 분명했다. 그들은 모기업으로부터 성과를 냈다며 인정받고 좋은 평가를 받았다. 현장의 부조리를 뿌리 뽑고 업무 윤리를 바로 세웠으며 절차적 정의를 완성했다고 자화자찬했다.

그 사이의 현장리더의 책임감과 역할은 모래성 무너지듯 사라지고 모멸감과 회사 그리고 경영진에 대한 불신이 그 자리를 대체했다. 시의적절한 조치를 받지 못한 고객들의 불만 또한 날로 커져가고 호미로 막을 일을 가래로도 막지 못하는 일들이 빈번하게 발생했다.

은행강도나 보이스 피싱이 발생했다고 은행업무 자체를 폐쇄할 것인가? 현장의 일부 일탈 때문에 존재의 이유가 분명한 오랜 문화를 승인제로 바꾸고 자율권을 빼앗은 결정, 현장 리더의 권한을 대폭 축소하고 책임만 지도록 한 결정은 은행강도 후 은행업무 폐쇄 결정에 다름 아니다.

그렇다고 현장의 비위는 완전히 사라졌는가? 오히려 안 좋은 방향으로 더 악화됐다. 암암리에 자신들끼리 쉬쉬하며 Comp 문화를 이어갔고 어둠의 경로를 통해 통해 사적인 인심을 주고받는 지경에 이르렀다. 음지에서 그 부작용은 더 커졌을지도 모른다.

급기야 회사와 경영진 그리고 스탭 조직에 대한 신뢰를 완전히 상실한 현장 사람들은 그들을 언제간 사라질 사람들로 배제하고 불복종하기 시작했다. 이 또한 지나가리라 라는 생각으로 복지부동했다. 앞에선 웃고 뒤에선 비난했다. 자신들끼리의 술자리에선 쌍욕이 난무했다. 현장이, 리더들이 이지경이 되면 회사가 정상적으로 돌아가는 일 자체가 기적이 된다.

의인불용 용인불의疑人不用 用人不疑라고 했다. 의심스러운 사람은 쓰지 말고 한번 쓰기로 했으면 끝까지 믿으란 말이다. 물론 한치의 숨김없는 투명한 절차로 기강을 잡는 일도 중요하지만 신뢰를 바탕으로 자율성을 최대한 보장할 때 최고의 성과가 나오는 분야가 있다.

무엇이 중요하고 먼저인지 모르는 감 없는 경영진은 신뢰를 스스로 깎아 먹는다. 가장 협조적이어야 할 현장 리더들의 신임을 잃고 그들이 할 수 있는 일은 없다. 그들을 잃으면 전부를 잃는다.

변기물 세척 사건

몇 년 전의 일이다. 특급 호텔 객실에서 변기물로 컵 등 기물을 닦은 일이 발각돼 시끄러웠다. 다행히(?) 중국에서 일어난 사건이라며 안심했지만 몇 개월 후 국내에서도 같은 일이 터졌다. 서울시내 특1급 호텔 중 일부가 중국 호텔과 똑같은 행태로 객실을 정비하다 적발된 것이다. 사람들은 과연 우리나라에서 일어난 일이 맞는지 두 눈을 의심했다.

중국답다며 코웃음 쳤던 일이 정작 국내에서도 발생하자 여론은 발칵 뒤집혔다. 물론 문제의 호텔들은 이니셜로 거론됐지만 보도 화면과 몇 가지 정황을 조합하면 그곳이 어디인지 대번 짐작할 수 있었다. 변기물로 컵이나 커피포트 등 고객이 직접 사용하는 물건을 세척하는 것은 물론이고 더러운 걸레로 침대나 가구 등을 세척하는 모습이 카메라에 고스란히 찍혀 그 시각적 충격은 더했다.

당시 해당 호텔 중 하나에서 조직문화 책임자로 근무하고 있었는데 그때의 상황은 시간이 꽤 지난 지금도 여전히 생생하다. 보도 이후 당연히 내부는 발칵 뒤집혔다. 사장을 포함한 경영진은 일이 터지자 긴급 회의를 소집하고 대책을 논의했다. 생각지도 못했던 돌발악재에 당황한 기색이 역력했다.

당장 그 무렵 호텔을 이용했을 것으로 추정되는 고객들의 컴플레인과 문의, 항의가 쏟아졌다. 사장은 중국발 보도 이후 우리는 그럴 리 없겠지만 조심하는 차원에서 주의를 주기도 했는데 이게 무슨 일이냐며 격앙했다.

회의에 모인 임원과 팀장들은 우왕좌왕 의견이 분분했다. 사건의 전모와 본질보다는 먼저 보도 행태에 대해 포문을 열었다. 비윤리적인 함정 취재 아니냐며 오히려 분개하기도 했다. 거기에 룸메이드 직원은 외주업체 소속으로 우리의 직접 관할도 아니지 않느냐? 는 면피성 발언도 있었다.

함정 취재라고? 그렇다 한들 화면에 찍힌 사실이 바뀌는가? 그 일을 자행한 룸메이드가 직고용이 아닌 외주업체 소속이라고? 그래서 뭐? 고객들이 그 사정을 간파하고 호텔이 아닌 외주업체를 따로 찾아 그쪽에 컴플레인을 할까? 다른 호텔들도 그랬다고? 그러면 우리의 잘못은 사라지는가?

나름 똑똑하고 경험도 풍부하다는 사람들이 내놓는 실없는 이야기에 기가 막혔던 기억이 생생하다. 그들은 사실을 인정하고 어떻게 수습할지 대책을 마련하기보다 자기변명과 현실부정에 급급했다. 회의는 진척이 없고 고객에 대한 사실 인정과 어떻게 사과의 메시지를 전할 것인지를 논의하는 단계에서는 모두가 꿀 먹은 벙어리가 됐다.

"L차장은 어떻게 생각해?"

당시 조직문화 책임자로 회의서 끄트머리 자리에 앉아 그들의 이야기를 잠자코 듣고만 있던 나에게 사장이 질문을 던졌다.

"사실을 명백히 인정하고 회사 홈페이지에 공식 사과문을 게재해야 하지 않을까요?"

사장은 두 눈을 감은 채 고개를 끄덕였지만 동의의 뜻은 아니었다.

"사실, 타 호텔들 사장하고도 긴급 회동을 했네. 당분간 상황의 추이를 지켜보며 사과를 하더라도 공동으로 대처하자는 의견이야."

참석자들은 그 즉시 사장의 말에 동조하기 시작했다.

"그게 좋을 것 같습니다. 괜히 우리가 먼저 사실을 인정하고 사과를 하면 그 화살이 전부 우리에게 돌아올지도 모릅니다."

"그렇지 않습니다. 이미 고객들은 명백한 사실을 목격했고 그곳이 어디인지도 파악하고 있습니다. 특히 우리를 믿고 자주 찾은 단골고객이라면 더욱 잘 알겠지요. 그 분들을 생각해서라도 선제적으로 잘못을 시인하고 진정성 있는 사과를 하는 것이 그나마 남은 신뢰를 잃지 않는 유일한 길입니다."

즉시 반박했지만, 참석자 누구도 내 의견에 동조하지 않았다. 사장 역시 잠시 고심하는 듯했지만 '지켜본 후 공동 대응한다'로 결론이 모아졌다.

적극적으로 컴플레인 하는 고객에 대해서는 비공식적인 경로로 접촉해 생각보다 과한 보상을 제시해 불만을 무마시켰지만 컴플레인이 없거나 약한 고객들은 형식적인 대응으로 일관하며 사태가 흐지부지 되기만을 기다렸다.

그리고 며칠 후 타 호텔들과 공동으로 하나마나한 뻔한 사과문을 올렸다. 내부적으로는 컵을 아예 종이컵으로 바꾼다거나 살균기를 들여 놓는 등 물리적 개선 시도와 객실 정비를 담당하는 용역 직원들에 대한 특별 교육이 이어졌다. 이렇게 사건은 공식 종료되었다. 호텔의 본질 중 하나인 청결이라는 가치를 훼손한 중대한 사건이 이런 정도의 대응으로 유야무야 넘어갈 수 있다니. 새삼 놀라운 경험이기도 했다.

그러나 이는 진정한 의미에서의 해결은 아니었다. 진정성과 본질에 대한 접근 없이 당장의 이슈를 잠재우기 위해 일시적으로 마련한 대책이 언제까지 이어질지 알 수 없는 노릇이다. 뼈아픈 사실은 이 사건의 처리 과정에서 그 어떤 당사자도 자신들의 잘못에 대해 진정으로 반성하고 전력을 다해 문제 해결에 뛰어들지는 않았다는 것이다.

나는 이 일을 돌이켜 볼때마다 P&G 社의 타이레놀 리콜 사건을 떠올린다. 자사 히트상품인 타이레놀에 누군가 포장을 벗기고 독극물을 주입해 수명의 소비자가 생명을 잃은 사건이었다. P&G의 CEO는 사고 인지와 함께 그 즉시 현장으로 날아가 상황의 전말과 심각성을 정확히 파악하고 시중에 풀린 타이레놀 전량 리콜하기로 결정한다.

정부 당국이 해당지역 리콜만으로 충분하다고 권고했음에도 자신들의 크레도Credo인 '고객의 안전'이라는 가치를 훼손하지 않기 위해 미전역의 제품을 모두 회수하고 포장을 훼손하지 못하도록 새로운 포장법을 전면 도입했다.

피해자들에게는 진심을 다한 사과와 보상이 뒤따랐고, 당장 수억 달러의 손실이 발생했다. 그럼에도 CEO는 개의치 않았다. 이 같은 P&G의 진정성 어린 조치를 지켜본 고객들은 더 큰 신뢰를 보여줬다. 사건 발생 후 급감했던 매출은 이내 정상을 되찾았고 오히려 고객의 탄탄한 신뢰를 바탕으로 P&G는 더 강력한 기업 브랜드를 구축할 수 있었다.

그에 반해 물의를 일으켰던 국내 특급 호텔들의 대처는 어떠했는가? 비록 사람의 생명을 위협하는 안전의 문제는 아니었을지언정, 자신들의 핵심 가치를 훼손할 수 있는 고객 기만을 저질렀음에도(외주 인력이냐 아니냐를 떠나 그 브랜드에서 일어난 일임으로) 책임을 미루고 상황이 자연스레 무마되기를 기다렸던 모습은 '비겁' 그 자체가 아닐 수 없다.

다행히(?) 더 큰 이슈로 발전하지 않고 잠잠해졌지만 오히려 이를 계기로 고객에 대한 진정성을 증명했더라면, 눈치나 보고 인정하지 않으려는 그들과 우리는 다르다 라며 새로운 가치를 보여주었더라면 만년 2류 브랜드 신세에서 벗어나 고객의 신뢰를 한 몸에 받는 브랜드로 도약하는 기회를 잡지 않았을까?

고객이든 내부 구성원이든 신뢰는 한번 깨지면 원상태로 회복되기 힘들다. 비록 당시의 사건은 잊혀지고 또 유야무야 원래의 관성대로 회복될지는 몰라도 그 충격이 마음속 어딘가에 깊이 박혀 있다면 진심 어린 신뢰나 응원을 보낼 수는 없는 노릇이다. 그 과정을 지켜본 내부 구성원의 마음에도 믿고 함께할 사람들인가? 라는 의문이 생겼다면 골치 아픈 일이다.

코끼리 다리 만지기

조선 제21대 국왕 영조는 가장 장수한 왕이다. 또한 우리 역사상 가장 끔찍한 장면 중 하나인 사도세자의 비극으로도 잘 알려져 있다. 워낙 장수와 뒤주속에 갇혀 죽은 사도세자의 이야기가 임팩트 있는 바람에 그의 군주로서의 업적은 상대적으로 가려져 있지만 영조는 무수한 업적을 이룬 성군임에 틀림없다.

영조 하면 조선판 뉴딜 정책인 청개천 재정비 공사를 빠뜨릴 수 없다. 태종 시절 준설 된 도성을 가로지르는 '개천'이 잦은 홍수와 오폐수 문제로 골치를 썩자 영조는 대대적인 정비 공사를 결정해 일자리를 창출하고 쾌적한 주거 환경을 만드는 데 큰 역할을 했다.

목적한 바 개천을 깨끗하게 정비되었다는 뜻에서 이름을 '청개천淸開川'으로 다시 지으니 오늘날 우리가 아는 그 '청계천'이 되었다. 영조는 자신의 업적으로 '청개천 재정비'를 곧잘 거론했다고 전해진다.

기록에 따르면 공시 당시 영조는 친히 현장으로 나가 거주민과 공사 인부들의 말을 귀담아듣고 민심을 직접 살폈는데, 영조 외에도 비교적 업적이

뚜렷한 성군형 왕들은 구중궁궐에만 머무르지 않고 밖에서 백성들의 삶을 몸소 체험하거나 현실의 감을 익혔던 공통적 경험이 있었던 것으로 보인다.

'버스비가 얼마인 줄 아느냐'라는 질문에 '70원'이라고 답했던 재벌 출신 모 정치인, 시장통 서민들의 먹거리를 난생 처음 먹어보는 터라 먹는 방법을 모른다고 곤란한 표정으로 절절매던 유세 후보자의 모습을 지켜보면서 과연 저들이 민생을 제대로 알고 그 문제를 풀기 위해 정책을 펼칠 수 있을까? 의심스러웠던 장면과는 명확히 대비된다.

뇌과학자 프레데리케 파브리티우스는 어떤 임원의 말을 빌어 '경찰차 앞 유리창을 통해 동네를 보면 늘 범죄가 없는 것처럼 보인다.'라고 했는데 같은 현상도 다르게 바라보는 고위직 임원들의 닫힌 시야를 적절히 묘사하고 있다.

특히 구중궁궐은 아닐지라도 평직원들의 네다섯 배는 되는 널찍한 공간을 홀로 쓰며 웅장한 출입문과 보안시스템으로 입구를 틀어막은 사무실에 홀로 앉은 사장과 고위직 임원들은 종종 이상과 현실사이에서 길을 잃는다.

한때 존경심을 가지고 모셨던 D사장은 진정성이 있는 사람이었다. 청개천에 친히 나가 거주민과 인부들의 의견을 기꺼이 청해 듣던 영조처럼 현장 곳곳을 누비며 세련되지는 않지만 특유의 투박한 어법으로 나름의 온도를 유지해왔다.

나는 당시 조직문화 책임자로서 종종 정식 보고 채널을 거치지 않은 개인적 의견을 e-mail로 사장에게 보내곤 했다. 분명 인사담당 임원이라는 보고체계가 있었지만 온통 인력효율화라는 목적에만 꽂혀 의견 충돌이 잦았던 터라, 이를 테면 도발을 감행한 셈이다.

처음 조직 동향과 관련해 A4지 세 장 분량의 의견을 정리해 이메일 송부 버튼을 누르고 오래지 않아. 책상 위 전화벨이 울렸다. "어, 내 방으로 잠깐 오지."

순간 긴장했다. 보고계통을 건너뛴 사실에 대한 질책을 들을 각오도 했다. 그러나 예상과는 달리 정리 내용에 대한 자신의 견해를 세세히 설명해주었다. 종종 의견을 달라는 당부도 있었다.

'역시 이 분은 다르구나 진정성 있는 분이구나' 라고 확신했고 그에 힘입어 종종 같은 방법으로 의견을 정리해 송부했다. 한동안 이 비공식적 문답은 유지됐다. 공식적인 회의 자리에서 이렇게 반대의견을 포함한 솔직한 의견을 낼 수 있는 사람은 드물다고 편을 들어 주기도 했다.

그러다 상황이 급변했다. 회사의 경영환경은 점점 나빠졌고 구조조정을 포함한 비상 조치들이 줄줄이 이어지며 회사 전체가 뒤숭숭했다. 조직문화 책임자로서 의견을 묻던 시간은 점차 사라졌다. 사장의 현장 점검도 형식적이 되거나 빈도도 줄어들었다. 현장에서는 처음의 진정성은 온데간데없고 현장의 분위기를 살피며 의도가 분명한(이를테면 인력효율화)메시지를 무의미하게 반복한다는 말이 돌았다.

당시 회사에는 익명게시판이 활성화되었는데 온통 회사에 대한 비난이 주를 이뤘다. 조직문화 기능은 게시판을 담당하며 각종 문제에 직면했다. 경영진으로부터는 근거도 없는 수준 낮은 비난의 장으로 전락한지 오래니 폐쇄하라는 은근한 압력을 받으며 구성원들의 최후의 언로를 막으면 더 큰 문제가 생길 것이라고 버텼다. 그 와중에 회사와 경영진을 향한 비난의 수위는 더 세졌고 일부 불만분자가 의도를 가지고 집중적으로 글을 게시한다는 의심을 떠안았다.

그럼에도 익명게시판은 이용자의 수준을 보여주는 것이며 단순히 폐쇄하는 것으로 문제가 해결되지 않는다는 신념은 변화가 없었다. 구성원들이 가장 많이 보고 영향을 받는 유력한 언로를 막는다면 무엇으로 진짜 현상을 파악할 수 있을까?

자연히 기존의 조직문화 기능은 도태됐고 조직문화 책임자가 경영진과 의견을 나누는 일도 사라졌다. 그리고 알게 된 진실, 조직문화 동향 보고를 분명 신뢰했던 사장은 어느 순간 그 일부 불순분자의 논리를 동조하는 편협한 시각을 담은 것으로 간주했다. 결국 말 많던 익명 게시판은 불순분자론을 처음 주장했던 인사담당임원의 전격지시로 폐쇄되었다. 담당 책임자도 몰랐던 한밤중의 군사작전을 방불케 했다.

누구든 한편의 일방적 이야기만 들으면 그 시각이 전부인 줄 안다. 그래서 필요한 것이 다각도의 채널이다. 익명게시판(장단점이 많고 이슈도 많지만 사실상 가장 대표적인 언로다), 정기 서베이, 평소의 모니터링, FGI(목적으로 가지고 대상을 샘플링해 소규모 Focus Group 인터뷰), 분야별 담당자의 개인 네트워킹 등 다양한 툴들을 활용해야 한다.

마치 공중에서 해상도는 낮지만 전체 그림을 먼저 파악하고 개별 접근을 통해 특정 영역을 자세히 관찰해 이어 붙이는 것처럼, Macro 와 Micro 의 방법을 조합해 완전하지는 않지만 사실에 가장 가까운 진실의 지도를 만들어내는 일과 같다.

누구도 진실을 완벽하게 파악할 수 없다. 지금 무슨 일이 일어나고 있는지 모두의 속마음을 속속들이 어떻게 알 수 있는가? 그렇기에 할 수 있는 최대한의 채널을 확보하고 점검하며 균형 잡힌 시각을 유지하는 일은 무엇보다 중요하다. 갑자기 태도가 바뀐 그날의 D사장은 어느 순간 일부 부정분자의 반대편 측 자동차에 올라탄 것은 아니었을까?

인사팀의 일

일반 구성원들은 무엇을 보고 회사를 판단할까? 우리 회사가 좋은지 나쁜지, 믿을 만한 곳인지 아닌지, 일할만한 곳인지 아닌지 그런 판단은 무엇을 보고 할까?

CEO? 임원? 팀장? 함께 일할 동료(선배, 동기, 후배)? 회사의 네임 밸류? 연봉? 복지 수준? 다 맞다. 그런데 놓친 것이 하나 있다. 바로 인사팀이다. 조금 과장해서 말하자면 일반 구성원에게 회사=인사팀이다.

직원 게시판이 따로 있다면 그곳에 올라오는 글(건의나 문의, 불만 등을 포함하여)을 찬찬히 들여다보라. 90% 이상이 인사팀과 관련된 주제인 것을 금세 알아챌 수 있다.

나에게 실질적인 영향을 미치는 거의 모든 제도가 인사팀에서 만들어지기 때문이다. 채용, 배치, 이동 등 조직개편과 인사발령부터 평가, 승진, 보상 등 처우에 직접 관계된 제도와 시스템을 관리하고 운영하는 곳. 급여를 지급하고 각종 제증명을 담당하는 일부터 사장의 명을 받아 그 메시지를 실현하는 파워풀한 기능까지 스펙트럼도 다양한 바로 그 조직 말이다.

한마디로 인사팀은 모든 구성원의 관심 대상이다. CEO 못지않게 모든 시선이 쏠려 있다. 노조가 있는 회사라면, 인사팀 사람들은 '사측'이라는 이유로 노조 가입대상에도 제외된다. 이들은 노조와의 각종 협상에서도 사측을 대리해 협상 전략을 짜고 테이블에도 앉는다.

그런 탓에 인사팀 사람들은 양가감정을 갖는다. 나름대로 회사의 핵심 업무를 맡았다는 자부심을 가지고 일하지만, 어쩐지 뭔가 손해보는 것 같은 느낌도 있다. 자신 역시 결국 고용인일 뿐인데, 인사팀이라는 이유로 경영층과 싸잡아 비난의 대상이 된다거나 정작 위기의 순간에는 구성원으로서 보호도 받지 못하는 존재라는 생각도 분명 있다.

인사팀이 가진 또 하나의 특수성은 하나의 살아있는 채널이라는 점이다. 정확히 중간자의 입장에서 경영진과 현장을 연결하는 가장 강력하면서도 직접적인 연결고리 역할을 한다. 때에 따라 51:49 정도로 일시적 우위를 택할 수 있겠지만 근본적으로 어느 한곳에 쏠리지 않는 균형의 시선을 잃지 않아야 한다.

두드러진 주목도와 역할의 특수성에 비해 하는 일 자체는 루틴하다. 한번 정해진 제도나 규칙을 새로 만들거나 완전히 뜯어 고치는 일은 웬만해선 일어나지 않는다. 전략적으로 중요한 협상(노조가 있다면 임금협상 등), 연말 평가시즌 반짝 업무 난이도가 올라가긴 하지만 대개의 업무는 정해진 제도, 규칙, 기준대로 처리하면 되는 일이다. 미안하지만 시간이 지나 숙련되면 누구나 다 하는 일에 가깝다. 대규모 신입 채용 같은 덩어리가 큰 이벤트도 연간 1회 정도다.

뭔가 중요하고 특수하고 복식한 일은 맞는데 생동감이 저다. 조금만 조직에 익숙해지면 한순간 매너리즘에 빠지기 쉬운 구조다.

거기에 모두에게 영향을 미치는 핵심 제도와 구성원 개개인의 프로파일을 다루다 보니 일견 어떤 권력을 갖고 있는 것처럼 생각하기도 한다. 마치 스스로 경영진이라도 된 듯 일반 구성원 위에 군림하려 할 때가 있다.

구성원들은 그 낌새를 금세 알아챈다. 특히 생산직 등 블루칼라 계열의 구성원이 많은 제조업, 서비스업이라면 현장과 인사팀 사이가 거의 100%의 확률로 좋지 않다. 심한 경우 인사팀은 현장의 업무를 방해하고 사사건건 귀찮게 하는 악당으로 묘사되기도 한다.

진짜 문제는 인사팀 구성원들이 사심을 가졌을 때 생긴다. 이들은 알다시피 평가, 승진, 보상 등 구성원들의 이익과 관련된 제도에 직접적으로 닿아 있다. 자신 역시 그 구성원 중 하나일 뿐이라고 생각한다면 '견물생심' 그 제도를 자신에게 유리하게 적용하고 싶은 모종의 유혹에 빠질 가능성이 있기 때문이다.

실제 사심이 가득한 사람이 인사팀 내 중요한 제도개편 책임을 맡으면서 교묘하게 자신에게 유리한 방식으로 편법을 이용하는 경우를 직접 목격하기도 했다. 팀 내 평가 등급 배분 기준을 명확하게 안내하고도 정작 인사팀 내 구성원들에게는 그 기준을 어기고 좋은 평가를 몰아주거나 승진 대상자 전원을 누락 없이 승진시키는 일 따위다.

스스로에게 가장 엄격해야 할 기준을 가장 느슨하게 적용한 셈인데 그즉시 일반 구성원들의 원성을 샀다. 고생하는 인사팀인데 이정도도 대우를 못받느냐는 적반하장식 대응에 이슈는 크게 번졌다.

결국 나쁜 의도는 결과로 고스란히 드러나게 마련이다. 구성원들의 날카로운 눈은 바로 그 지점에 향해 있다. 결코 그냥 넘어가지 않는다.

물론 인사팀이 공무원도 아니고, 무조건 공적 서비스 정신을 발휘해 감정노동 수준의 친절함을 베풀어야 할 의무는 없다. 승진, 평가 등에 있어서도 인사팀 소속이라는 이유로 불이익을 감수해야 한다는 말도 아니다.

다만 구성원 모두의 거취와 직간접적으로 연결된 제도와 시스템을 다루는 중대한 역할을 인식한다면, 수많은 구성원들이 중요한 순간마다 반드시 거쳐야 하는 일종의 채널 같은 곳이라는 숙명을 안다면, 인사팀 사람들은 조금 더 스스로에게 엄격하고 사적 가치 보다는 구성원 전체를 위한 공적 가치에 무게를 두어야 함은 마땅하다.

인사팀의 구성은 철저히 인성 중심이어야 한다. 임원부터 말단 신입까지 차가운 이성보다는 뜨거운 감성과 양심, 공감능력을 가진 사람들로 구성되어야 한다. 적어도 이들에 한해서만큼은 사단(四端)으로 똘똘 뭉친 사람을 검증해 신중히 배치하는 것이 옳다.

인사팀은 회사의 얼굴이다. 이들은 자신에게 엄격하고 타인에게 너그러워야 한다. 대외비라는 명목으로 절차를 감추고 그 이면에서 어떤 음험한 작전을 짤 게 아니라 가능한 선에서 많은 것을 공개하고 적어도 나의 거취와 판단에 숨겨지거나 불편부당이 개입할 여지가 없구나 라는 믿음을 줄 수 있어야 한다. 이들이 잘해야 회사의 면도 선다.

이들이 사심으로 가득한 몽니를 부리면 회사의 영이 죽는다. 회사가 하는 모든 일에 족족 브레이크가 걸린다.

지금 당신의 인사팀 사람들은 어떤가? 잘 모르겠다면 그들은 어떤 표정으로 구성원을 대하는가? 그들이 만들어낸 제도와 시스템은 누구의 편익을 가리키고 있는가? 거만하고 사적탐욕이 가득한 인사팀은 그 자체로 커다란 구멍이다.

신뢰가 줄줄 새고 있는지도 모른다.

우산은
맑은 날 준비하라

'잘되는 회사는 저마다의 모습으로 행복하고 잘 안되는 회사는 비슷한 모습으로 불행하다'

거장 톨스토이의 《안나 카레니나》 첫 문장을 회사의 문화에 적용하면 이런 문장일까?

사실 사업이 안정적일 때는 웬만해선 큰 문제 없이 평온하다. 버는 만큼 대우를 적절히 해준다면 일부 자잘한 문제는 있을지언정 다수의 구성원은 큰 불만 없이 그럭저럭 괜찮은 문화 속에 일하고 있다고 생각할 것이다.

회사의 네임밸류, 우상향 중인 매출과 양호한 손익 그 자체로 사업이든 문화든 강력한 성공의 증거 아니겠느냐고 당당할 수 있다. 누가 반박하겠는가?

문제는 늘 그렇듯 위기에서 생긴다. 이윤추구가 목적인 기업이 돈을 못 번다면 분명한 위기다. 존재의 이유가 흔들리는 일이다. 바로 이 순간 조직문화의 위력이 나타난다.

표면은 매출 하락과 손익 악화라는 형태로 비슷하게 나타날지 모르지만 건강하고 강력한 조직문화를 가진 기업과 그렇지 못한 기업의 위기는 그 내용이 질적으로 다르다.

전자라면 위기가 일시적일 가능성이 크다. 미래를 위한 일시적 후퇴일 경우다. 대규모의 설비 투자가 있었다든지 새로운 사업이 청사진을 그리는 과정에서 예측 불가한 외적 요인까지 겹친다면 일시적 매출 하락과 손실이 발생할 수 있다.

구성원을 동반자이자 파트너로 귀하게 여기는 경영진이라면 현상황을 제대로 파악하기 위한 모든 정보를 그 즉시 공표하고 미래를 위해 준비해둔 탄탄한 청사진을 제시할 것이다. 구성원들 또한 경영진과 회사에 대한 믿음을 바탕으로 똘똘 뭉친다. 태풍이 지나가기만을 수동적으로 기다리거나 다른 기회를 찾아 떠나지 않고 제자리를 묵묵히 지키며 미래를 위한 힘을 축적한다. 이후 맑게 개인 화창한 날이 다시 올 것이라는 확신을 갖기 때문이다.

일부 비용 절감의 노력 등 뼈를 깎는 자구책이 있겠지만 단 한 명의 해고도 없이 함께 가기로 결정하고 경영진부터 희생한다. 가장 높은 곳으로부터의 솔선을 지켜본 구성원들 또한 그 진정성을 확인하고 회사를 위한 일보 후퇴에 자발적으로 참여한다. 결국 한마음 한뜻으로 위기를 이겨내고 더 탄탄해진 내실과 경쟁력을 바탕으로 새로운 미래를 맞게 된다.

반면, 잘 나갈 때조차 평범한 수준의 경영 실력과 특별한 것도 없고 조직문화라고 말하기도 애매한 분위기 속에 그럭저럭 일상을 유지하던 기업이라면 위기 상황에서 어떨까?

특별히 윤리의식이 떨어진다거나 애초에 구성원을 부품 취급하며 착취해야겠다는 음험한 생각이 없었던 경영진조차도 우왕좌왕 당황하며 당장에

효과 있는 수단부터 생각하게 된다. 비용 절감이다. 평소 미래를 위한 대비도 없고 현재의 비즈니스 구조에 안주해 여기서 삐끗하면 어떻게 될까? 진지한 고민을 해본 적도 없으므로 새로운 돌파구를 찾아 +알파를 만들기보다 어떻게 하면 현재를 유지하고 비용을 줄일 수 있을까? 에 급급하게 된다.

구성원들 또한 별생각 없이 하루하루를 루틴한 업무를 수행하며 금요일은 언제 오나 워킹 좀비 상태로 살다가 원치 않던 상황 변화 속에 당황한다. 이내 어떻게 하면 가늘고 길게 더 오래 버틸 수 있을까? 라는 위기감에 마음이 붕 떠 일도 손에 잡히지 않고 돌아가는 사태를 그저 수동적으로 관망하게 된다. 능력만 되면 이직을 할 텐데 불러주는 곳이 없어 선뜻 실행도 못한다.

저마다 살 궁리를 찾고 자기들끼리 똘똘 뭉쳐 부서 간 조직 간 이기주의는 극한으로 치닫는다. 경영진으로부터 듣는 정보는 어디에도 없고 회사가 어떤 상태로 가는지 온 조직이 뒤숭숭하다.

"전례 없는 위기", "생존 기반 확보"라는 비장한 메시지가 마치 마법의 구호처럼 등장해 모든 이슈를 다 집어 삼킨다. 접대비 등 한도성 경비를 제한하거나 금지하는 것은 양반이다. 경영진은 최후의 수단으로 정리해고 카드를 만지작거리고 안되는 조직이 늘 그렇듯 비공식적 루트를 통해 입소문이 퍼지면서 온갖 추측과 소문이 무성해진다. 소문으로만 끝나면 다행이지만, 어느 날 갑자기 전격적인 '희망퇴직' 공고가 게시판에 턱 뜨면서 비극의 최종장이 시작된다.

이 과정에서 이미 능력 있는 사람들은 모두 빠져나가고 어디에도 갈 곳 없는 사람들만 남는다. 아수라장이나 다름없던 정리해고 과정이 마무리되고 나면 회사든 남은 사람이든 상처만 선명해진다.

이렇게라도 사업을 유지할 수 있다면 다행일지 모르지만, 이미 망가질 대로 망가진 조직이 새로운 동력을 얻어 꽤 괜찮은 회사로 탈바꿈할 확률은 얼마나 될까?

이런 극단적인 경우를 제외하더라도 사업환경의 어려움을 내세워 구성원을 파트너로서 인정하지 않고 부품으로 여기며 늘 생존과 비용절감 따위만을 외치는 회사라면 '일하고 싶은 기업'이 되는 일은 단연코 없다.

신뢰가 바닥난 회사는 간단히 구별이 가능하다. 우선 모든 구성원들이 입을 닫는다. 리더들도 예외는 아니다. 사장이나 고위 임원들에게 잘 보이고 싶은 일부 딸랑이 들을 제외하면 거의 예외 없이 복지부동한다.

그래도 수십 년 경력의 사장은 이 상황을 대충 눈치채고 조치를 취하려 한다. 바로 리더십 워크숍이나 사장간담회 따위다. 안타깝지만 회사에 대한 신뢰와 진정성을 의심하는 이들에게 효과적인 방법론 따위 없다.

잘 나갈 때 공들여 신뢰를 쌓아라. 우산은 맑은 날 준비하는 법이다.

'If then' 아닌
'And then'으로 보상하라

이러니 저러니 해도 회사의 존재 이유와 직장인들이 회사를 다니는 이유는 결국 돈이다. MEET의 첫 번째 키워드인 Motivation을 '줄 만큼 주고 받을 만큼 받아야 한다'라는 돈의 주제로 시작했는데 공교롭게 MEET의 마지막인 Trust의 마지막도 돈에 대한 이야기다.

일을 했으면 그만한 보상을 받아야 한다. 돈은 분명 일을 하는 이유의 전부는 아니지만 가장 큰 부분 중 하나다. 대표적 금전 보상이 바로 월급이고 또 연말 평가와 연동된 인센티브다. 결국 모든 회사의 일은 돈으로 시작해 돈으로 마무리된다. 일을 잘한다고 인정받으면 좋은 평가를 받고 좋은 평가를 받으면 승진이나 레벨업이 빠르고 레벨이 올라가면 받을 수 있는 보상도 커진다.

그동안 우리 기업들은 '이걸 달성하면 이만큼 줄게'라는 if then 보상 방식에 익숙했다. KPI나 MBO등을 운영한 이유도 뭔가 보여지는 일을 한 만큼 평가하고 보상해주겠다는 약속이었다. 운영의 과정에서 공평성, 공정성, 투명성의 문제들이 늘 있었다. 거기에 일 외에 사내정치가 끼어들면서 일과 성과에 대한 인과의 순수성이 퇴색했다. 조직에서 인정받는 일은 일만 잘하면 되는 게 아닐지도 모른다는 의심을 하게 됐다.

If then 방식의 보상이 가진 가장 큰 문제점은 보상이 일을 하기 위한 동력, 수단으로 작용하기보다는 목적 그 자체가 되어버린다는 것이다. 그 목적에 달성하면 당연한 것이 되고, 만약 자신이 생각하는 수준과 회사가 생각하는 수준이 달라 약속된 보상 규모가 다르기라도 하면 당연히 받아야 할 것을 못 받게 된다는 생각에 역효과가 발생하기도 한다.

연말 인센티브, 즉 금전적 보상은 매우 그럴듯한 재료였다. 주는 사람이나 받는 사람이나 이렇다 할 논쟁없이 깔끔한 방법론이었을 것이다. 그러나 조금만 깊이 생각해보면 금전 보상만큼 성의 없는 보상수단은 없다. 주는 입장에서는 보상의 의미나 형태를 고민할 필요 없이 기계적으로 지급하면 그만이니 운영 측면에서 손쉽다. 물론 보상 scheme(제도)을 정해야 하고 표면적이나마 지급 기준 및 비중을 만들어내야 하지만 한번 기준을 정하면 기계를 돌리듯 운영만 하면 된다.

이마저도 회사의 규모나 성격에 따라 천차만별이었고 상상을 초월할 만큼 많은 인센티브를 받는 기업, 조직, 사업부가 있는 반면 평생가야 월급 외 인센티브 구경도 못한 사람도 많다.

일한 만큼 받는 것은 신뢰 형성의 기본 중 기본이다. 받는다에는 사실 돈 말고도 여러 개념이 섞여 있다. 금전적 보상 외에 인정이나 칭찬 같은 비금전적 보상도 있기 때문이다.

학자들의 인센티브와 관련된 오랜 연구에 따르면 돈으로 주는 보상은 그 효과가 오래 지속되지 못하고 잘못 운영할 경우 그 제도에서 제외된 사람의 박탈감만 커지게 하는 부작용이 큰 것으로도 알려졌다.

회사는 큰 돈을 쓰고도 별다른 효과도 거두지 못하고 당연히 줘야 할 급여를 준 것처럼 끝나버릴 가능성이 높다.

이걸하면 저걸 줄게 라는 if then 보상 방식은 일의 수행에 있어 자율성 이라던가 더 높은 가치를 추구하는 인간의 본성에 적합하지 않다는 실험, 연구결과들이 수두룩하다. 물론 돈을 벌기 위해 직장을 다니는 사람에 돈이 라면 다다익선이겠지만, 단지 돈을 많이 주고 연말에 보너스를 많이 받았다 고 해서 인생이 행복해지거나 일이 즐거워지는 것은 아니라는 증거를 여기 저기 목격한다.

그렇다면 대안은 없을까? 어떻게 하면 이 회사는 일한 만큼 나를 인정해 주고 대우해준다 라는 믿음을 갖게 할 수 있을까? 새롭게 제시되는 대안은 and then의 보상방식이다. ~하면 이라는 조건을 거는 것이 아니라 ~했으 니까 그러면 이 되는 것이다. 조건을 걸어놓고 유도하는 것이 아니라, 그 허 들을 넘으라고 다그치고 독려하는 것이 아니라 어떤 조건인지 상관없이 자 신의 일을 최선을 다해 완주한 후, 불특정한 방법으로 경영층이나 리더가 성격에 적합한 보상을 깜짝 방식으로 제공하는 것이다.

다른 건 몰라도 실행하나는 으뜸으로 잘했던 구성원에게는 Just Do it 상을 만들어 나이키 브랜드의 신발을 선물하고 그 의미와 함께 치하해주는 것이다. 회사의 공식 평가제도로 편입해 회사차원에서 유지해도 좋고 팀이나 본부별로 책임자에게 재량을 주어 자체 포상을 실시하게 해도 된다.

회식 문화도 바꾸자. 힘들게 프로젝트를 마쳤으니 술 한잔 사주며 위로 해주고 싶은 마음이야 이해하지만 요즘 세대들은 원치 않는다. 사무실에서 보는 것으로도 충분하다 못해 넘치는데 퇴근 이후까지 얼굴 마주 대고 잔소리 듣고 싶지 않다.

정 회식을 하고 싶거든 법인카드를 손에 쥐어줘라. 그리고 마음 맞는 사람끼리 원하는 곳에 가서 먹고 싶은 것을 먹고 자유롭게 헤어지도록 배려하라. 진짜 위로는 내가 아닌 위로를 받는 사람들 입장에서 그들이 원하는 방법으로 이루어져야 한다. 고기 먹고 술 먹고 2차 3차, 노래방까지 기존의 회식 풀코스 문화에 열광하는 사람은 오직 당신뿐이다.

이런 보상의 진정성, 개인성, 구체성들이 하나로 모여 진정한 보상이 된다. 사실 본격적인 보상제도를 다루려면 평가를 포함한 제도 전반을 본질과 조직현실에 근거해서 깊이 있게 접근해야 한다. 차가운 상대평가제도에서 절대평가제도로 바꾸는 것과 같은 근본적인 개선 없이는 찻잔 속 태풍 정도의 효과에서 그칠 가능성도 크다.

그러나 조직문화 측면에서 다루기엔 그 범위가 지나치게 넓고 본격적이다. 반면 조직문화 수준에서 접근할 수 있는 방법론이라면 상대적으로 적은 비용으로도 얼마든지 의미를 부여하고 멋들어진 보상의 순간을 만들어줄 수 있다. 무엇보다 의지만 있으면 바로 실행 가능하다.

인정하고 보상해주는 주체가 조금만 관심을 가지고 구성원이나 부하직원을 관찰하고 그들의 잘하는 점을 명백히 분별해 인정해줄 수 있다면 보상이 무엇으로 주어지든 그에 의미를 부여할 수 있다. 그저 돈으로 덜렁 주고 끝나버린 기존의 인센티브보다 수배의 효과가 있는 장면을 만들어 낼 수 있을 것이다.

제도로 만들어 큰 신경 쓰지 않고도 무심히 돌아가게 만들 영역이 있고,

경영층, 리더 등 역할을 해야 할 사람들이 관심을 두어 더 많은 노력을 기울여야 할 영역이 있다. 단순히 회사가 돈을 많이 벌어 연말 보너스로 인센티브를 많이 쥐어주는 것만으로는 구성원들의 진정한 인정과 신뢰를 주고받기 힘들다.

누구나 그 정도의 일은 한다. 조금만 시간을 내어 내가 소중하게 생각하는 내 사람에게 어떤 인정을 해줄지 고민하는 것만으로도 놀라운 효과를 만들어내는 마법 같은 순간을 창출할 수 있다.

크게 생각하지 않아도 된다. 진정성만 담으면 된다.

옛날 어느 고을 최씨 집안에 콩쥐라는 여자아이가 살았습니다. 태어난 지 백 일도 안 되어 콩쥐 엄마는 세상을 떠나고, 홀로 딸을 키우던 아버지는 콩쥐가 열네 살 되던 해 배씨라는 여자를 콩쥐의 새엄마로 맞아들였어요. 배씨에게는 팥쥐라는 딸이 있었는데 모녀가 하나같이 심성이 고약하고 모질어 콩쥐를 괴롭히고 모함하길 일삼았죠. 그러던 어느 날 원님이 고을 사람들을 위해 큰 잔치를 열었어요. 배씨는 팥쥐와 함께 잔치에 가면서 콩쥐에게는 일을 시켰어요.

"독에 물을 가득 채워 놓거라."

착한 콩쥐는 잔치에 가고 싶었지만 새어머니의 말을 거역하지 못하고 우물에서 물을 길어와 독에 물을 채우기 시작했지요. 그런데 이걸 어쩌나? 아무리 물을 채워도 독은 차지 않는 걸. 알고 보니 밑 빠진 독이 아니겠어요?

망연자실 울고 있는 콩쥐 앞에 두꺼비가 나타나더니 "내가 빠진 밑을 막고 있을 테니 어서 채우렴."

콩쥐는 기운을 차려 두꺼비가 막아준 밑 빠진 독에 물을 가득 채우고 잔치에 가게 되었어요.

어린 시절 한 번쯤은 읽었거나 들어봤을 전래동화 〈콩쥐팥쥐〉의 한 장면이다.

이 이야기에는 '밑 빠진 독' 말고도 착한 콩쥐를 돕기 위해 소가 나타나

밭을 메어주고 참새가 내려와 벼를 쪼어주고 선녀가 내려와 베를 짜주는 신비한 에피소드들이 여럿이고 못된 배씨와 팥쥐는 결국 벌을 받게 된다는 권선징악 교훈도 담고 있다. 그런데 왜 유독 '밑 빠진 독'의 이야기가 인상 깊게 남았을까?

이제 막 대리를 달고 한창 의욕에 타오르던 시기 조직문화 업무를 처음 맡았다. '조직문화 뭐 있어?' 자신만만 패기는 차츰 맨땅에 헤딩하는 좌절감으로 바뀌었다. '밑 빠진 독'은 뭘 해도 아무런 소용이 없던 최악의 시기에 수시로 등장했다.

나는 나름 세 손가락 안에 드는 대기업(규모 면에서는 마이너 관계사이긴 하지만)에서 16년간 사람과 관련한 일을 했다. 사람을 뽑고 육성하고 일을 잘할 수 있도록 환경을 만드는 일이었다. 조직문화를 처음 맡았던 건 이제 막 대리를 달고 한창 의욕에 타오르던 시기였다. '조직문화 뭐 있어?' 싶었던 근자감은 이런저런 성공과 시행착오의 교차를 거쳐 차츰 맨 땅에 헤딩하는 느낌으로 바뀌었다. '밑 빠진 독'은 뭘 해도 아무런 소용이 없던 최악의 시기에 수시로 떠올렸다.

가뭄이 오래 지속되면 강바닥이 말라 그 아래에 숨은 것들이 적나라하게 드러나듯 회사 역시 성장이 멈추거나 퇴보하면 각종 문제들이 속속 드러나게 되어있다.

사람은 어려운 문제에 닥치면 진짜 본성이 드러난다. 회사 조직 또한 사람들이 모여 만든 것이니 다를 게 없다. 생존(고용유지를 생존이라 본다면)이라는 극한의 압박 앞에서 사람들은 대개 이기심을 보였다.

'비용 효율화'라는 절대 숙제를 더 높은 곳으로부터 받아든 경영진은 사람을 철저히 수단화해서 숫자로 보기 시작했고 자신들의 성과로 보여질 만한 퍼포먼스에 집착하거나 누가 봐도 안 될 것 같은 일에 신사업이랍시고 매달리다 돈과 시간과 사람의 노력을 낭비했다.

두 번째 구조조정을 마무리하며 이번이 마지막이라던 약속도 손바닥 뒤집듯 어기고 몰래 리스트를 만들어 3차 구조조정을 기습적으로 시행하기도 했다.

구성원들은 또 어떤가? 본연의 일에는 손 놓고 '나만 아니면 돼'라는 이기심으로 몸을 사리거나 회사가 하는 모든 일에 극도의 반감을 드러내는(속으로만) 두 종류로 나뉘어 서로 편가르고 헐뜯기에 바빴다.

"제발 일 좀 하게 내버려두면 안 돼? 아니면 그냥 쉽게 해주든가"

"이거 한다고 되겠냐? 대체 뭐가 변하는데?

"권한은 다 뺏어가고 책임만 지라는 거야? 이런 상황에서 무슨 리더가 있어?"

"사람이나 뽑아주고 이런 걸 해. 현장은 사람이 없어서 죽어난단 말이다."

회사는 양치기 소년이 됐다. 제도 개선을 포함해 회사가 주도하는 모든 일은 의심을 샀다. 의도를 의심받고 그 어떤 프로그램도, 워크숍도, 간담회도 통하지 않는 냉소와 비아냥의 대상이 됐다. 더 이상 조직문화 기능이 할 수 있는 것은 없다는 무기력증에 빠졌다. 그저 망연히 손을 놓고 이 거대한 밑을 메꿔줄 슈퍼 두꺼비가 나타나기만을 기다렸다. 그러나 당연하게도 그런 마법 같은 일은 일어나지 않는다. 현실이 동화라면 잔혹 동화에 가까우므로.

그룹에서 해마다 실시하는 조직문화 진단에서 3년 연속 전 그룹사 중 압도적 꼴찌를 기록했을 때 들끓는 현장의 아우성을 어떻게 표현할 수 있을까?

고민하다 결과 보고서에 '밑 빠진 독'을 그려 넣고 이렇게 말했다.

"이 상태에서는 그 어떤 변화의 노력도, 콘텐츠도 메시지도 먹히지 않을 겁니다. 밑 빠진 상태가 무엇을 말하고자 하는지 사장님이 더 잘 아실 겁니다. 저는 더 이상 할 수 있는 일이 없습니다."

"다 알아, 안다고. 그런데 어떻게 하겠어? 회사가 이 모양인데, 싫으면 나가든가."

급변하는 세상, 잔치에 초대받고 싶거든 허리를 숙이고 더 낮은 곳에 임하라. 그 누구도 아닌 우리가 발 딛고 굳건히 서야 하는 밑바닥 어딘가를 살펴라. 짠 나타나 빠진 밑을 척 막아줄 마법의 두꺼비는 어디에도 없다. 현실은 잔혹 동화에 가까우므로.

이야기를 해피엔딩으로 만드는 일은 어디까지나 당신의 몫이다.

적어도 노력한 만큼 정직하게 물을 채우고 늦지 않게 잔치에 가고 싶다면 내 일터에 밑MEET 빠진 곳부터 돌아보는 것이 어떨까? 만약 밑이 빠졌다면 단호히 제안한다. 서둘러 탈출하라.